Study on the Improving Strategies of Technical Efficiency of Agricultural Products Logistics in China

我国农产品物流业技术效率水平提升策略研究

仲 昇 ◎ 著

图书在版编目（CIP）数据

我国农产品物流业技术效率水平提升策略研究/仲昇著.—北京：经济管理出版社，2018.10
ISBN 978-7-5096-5992-2

Ⅰ.①我… Ⅱ.①仲… Ⅲ.①农产品—物流—研究 Ⅳ.①F724.72

中国版本图书馆CIP数据核字（2018）第206281号

组稿编辑：申桂萍
责任编辑：刘　宏
责任印制：黄章平
责任校对：王淑卿

出版发行：经济管理出版社
（北京市海淀区北蜂窝8号中雅大厦A座11层　100038）
网　　址：www.E-mp.com.cn
电　　话：（010）51915602
印　　刷：北京玺诚印务有限公司
经　　销：新华书店
开　　本：720mm×1000mm/16
印　　张：10
字　　数：191千字
版　　次：2018年10月第1版　2018年10月第1次印刷
书　　号：ISBN 978-7-5096-5992-2
定　　价：58.00元

·版权所有　翻印必究·

凡购本社图书，如有印装错误，由本社读者服务部负责调换。
联系地址：北京阜外月坛北小街2号
电话：（010）68022974　邮编：100836

前 言

农产品物流业的资本投入密集、能源消耗密集的特征十分显著。农产品物流业如果一直处于低效率运行状态,就不利于充分利用所投入的资本,并造成能源的极大浪费,由此农产品物流业将无法实现可持续发展。农产品物流业的高效运作,可以有效地降低农产品物流成本,减少对农产品生产者和农产品消费者利益的挤占,具有较强的经济意义和社会意义。然而,现有研究成果中在对区域农产品物流业进行更有针对性、更为深入和全面研究方面比较薄弱。因此,本书针对现有研究的不足,以效率理论和区域农产品物流理论为基础,以我国内地各省级行政区域农产品物流业为研究对象,从以下五个方面展开了研究。

(1) 区域农产品物流业技术效率水平影响因素分析。根据技术效率、技术进步与全要素生产率的理论,结合区域农产品物流理论,本书界定了区域农产品物流的概念,并进一步分析了区域农产品物流业技术效率水平的影响因素——直接影响因素、农产品供应链上下游产业影响因素和外生性环境因素。

(2) 农产品物流业技术效率水平测度及其空间差异分析。以资本、劳动力为投入指标,以农产品周转量为产出指标,使用基于非径向、非角度的 SBM 模型,本书分别测度了各省级行政区域的农产品物流业技术效率水平、纯技术效率水平和规模效率水平,并使用 Theil 指数和空间自相关分析的方法,进一步分析了全国及东部、中部、西部地区技术效率水平差异的量化程度,以及不同技术效率水平区域的空间分布情况。结果显示,我国各省级行政区域农产品物流业技术效率水平偏低,而导致这一现状的主要原因在于纯技术效率水平的低下,规模效率则一直保持在较高的水平。研究期内,全国范围内农产品物流业技术效率水平差异呈现先扩大后缩小的趋势,东部地区内部差异水平最大,而西部地区内部差异水平最低。从 2000 年开始,农产品物流业技术效率水平较高的行政区域集聚倾向不断增强,集聚的"热点"显著区域及周边相邻区域所形成的高值地带主要分布在东部地区和中部地区。

(3) 农产品物流业技术效率水平变化测度及其空间差异分析。笔者将 SBM

模型与 Malmquist 生产率指数方法相结合,对各省级行政区域农产品物流业全要素生产率(TFP)的增长率及分解出来的各类指数进行测算,并根据测算结果,分析全国及三大地区农产品物流业技术效率水平的变化情况。最后,使用 Theil 指数和空间自相关的方法,对技术效率变化指数(TEC)的空间差异进行了进一步的深入分析。结果显示,技术效率水平在研究期内出现先下滑后上升的变化趋势,纯技术效率与规模效率的变化趋势与之相似,但纯技术效率变化的幅度要远大于规模效率。

(4)农产品供应链上下游产业及外生性环境影响因素作用分析。本研究使用回归分析的方法分析了农产品上下游产业影响因素——农业、农产品加工业、农产品零售业对农产品物流技术效率水平的影响程度、影响方向。然后利用 Tobit 模型分地区地分析了外生性环境影响因素对农产品物流技术效率水平的影响。研究结果显示,农业生产发展规模的扩大对农产品物流业技术效率水平的提高有显著的阻碍作用。农产品加工业和农产品零售业发展规模的扩大有利于农产品物流业技术效率水平的提高。对于不同的地区,区域经济发展水平、信息化水平、制度环境、开放程度、产业结构状况等外生性环境影响因素的作用有较大差异。

(5)农产品物流业技术效率水平影响因素作用机理分析。对直接影响因素、农产品供应链上下游产业影响因素、外生性环境影响因素各自对农产品物流业技术效率水平的作用机理进行了分析。

和现有的研究相比,本书的创新点主要体现在以下三点:

(1)农产品流通是商流、物流、信息流的集合体,本书将农产品物流从农产品流通体系中剥离出来,以我国各省级行政区域农产品物流业技术效率水平为研究对象,进行了全面、系统的研究,弥补了现有成果中研究农产品物流效率时多是从农产品流通角度出发而缺乏针对性的不足。

(2)本书在研究我国各省级行政区域农产品物流业技术效率水平的过程中,引入区域经济发展水平差异研究中使用的 Theil 指数、空间自相关分析等方法,以分析农产品物流业技术效率水平和物流效率水平变化两个方面的差异性,使得研究的精确性都大为改善,丰富了农产品物流效率研究的方法、手段。

(3)本书使用基于非径向、非角度的 SBM 模型分析了投入变量、产出变量对农产品物流业技术效率水平的直接影响,并利用 Tobit 模型分析了各种外生性环境影响因素所产生的影响。在此基础上,本书还关注了农产品供应链上下游产业影响因素对农产品物流业技术效率水平的影响,以进一步拓展农产品物流业技术效率水平影响因素的研究视野。在大量查阅相关文献的过程中,尚未发现有相同的研究内容。

目 录

第一章　绪论 ··· 1

　第一节　研究背景 ·· 1

　第二节　文献综述 ·· 2

　　一、区域物流研究现状 ··· 2

　　二、农产品物流研究现状 ·· 7

　　三、物流效率研究现状 ··· 11

　　四、现有研究评述 ··· 14

　第三节　研究目的与研究意义 ··· 15

　　一、研究目的 ·· 15

　　二、研究意义 ·· 15

　　三、创新点 ··· 16

　第四节　研究内容、方法和技术路线 ·· 17

　　一、研究内容 ·· 17

　　二、研究方法 ·· 18

　　三、技术路线 ·· 19

第二章　农产品物流业技术效率水平影响因素分析 ······················· 21

　第一节　效率、技术进步与全要素生产率理论阐述 ····················· 21

　　一、现代经济理论中关于效率的论述 ······································ 21

　　二、技术效率、配置效率的几何解释 ······································ 22

　　三、现代经济理论中关于生产率的论述 ·································· 25

　第二节　区域农产品物流概念 ··· 28

　　一、区域物流的概念 ··· 28

　　二、区域农产品物流的概念 ··· 30

第三节 区域农产品物流业技术效率水平影响因素 …………… 31
 一、直接影响因素 ………………………………………… 32
 二、农产品供应链上下游产业影响因素 ………………… 33
 三、外生性环境影响因素 ………………………………… 34
本章小结 ……………………………………………………………… 36

第三章 农产品物流业技术效率水平测度及其空间差异分析 …… 38

第一节 农产品物流业技术效率水平测度模型 ………………… 38
 一、技术效率水平测度方法 ……………………………… 38
 二、传统 DEA 模型的缺陷 ………………………………… 39
 三、SBM 模型 ……………………………………………… 42
第二节 变量、数据与样本 ……………………………………… 44
 一、变量选择与处理 ……………………………………… 44
 二、数据来源 ……………………………………………… 48
 三、研究样本 ……………………………………………… 48
第三节 农产品物流业技术效率水平测度及其空间差异实证分析 … 49
 一、农产品物流业技术效率水平测度 …………………… 49
 二、农产品物流业技术效率水平空间差异分析 ………… 55
 三、投入产出改进分析 …………………………………… 62
本章小结 ……………………………………………………………… 66

第四章 农产品物流业技术效率水平变化测度及其空间差异分析 … 68

第一节 农产品物流业技术效率水平变化测度模型 …………… 68
第二节 技术效率水平变化测度及其空间差异实证分析 ……… 70
 一、TEC 指数历年平均值分析 …………………………… 70
 二、TEC 指数空间差异分析 ……………………………… 72
本章小结 ……………………………………………………………… 74

第五章 农产品供应链上下游产业及外生性环境影响因素作用分析 … 76

第一节 农产品供应链上下游产业影响因素作用分析 ………… 76
 一、指标选取及数据来源 ………………………………… 76
 二、分析过程 ……………………………………………… 77
第二节 外生性环境影响因素作用分析 ………………………… 83
 一、指标选取及数据来源 ………………………………… 83

二、分析过程 ……………………………………………… 83
　本章小结 …………………………………………………… 86

第六章　我国农产品物流业技术效率水平影响因素作用机理分析 …… 88
　第一节　直接影响因素作用机理分析 …………………………… 88
　　一、资本投入因素 ………………………………………… 89
　　二、劳动力投入因素 ……………………………………… 94
　第二节　农产品供应链上下游产业影响因素作用机理分析 …… 96
　第三节　外生性环境影响因素作用机理分析 ………………… 98
　本章小结 …………………………………………………… 101

第七章　主要结论、研究展望与策略建议 …………………… 103
　第一节　本书主要结论 ………………………………………… 103
　第二节　未来研究展望 ………………………………………… 105
　第三节　我国农产品物流业技术效率提升策略建议 …………… 106
　　一、构建农产品物流团购模式 …………………………… 106
　　二、着力推进专业农产品物流园区和农产品配送中心建设 …… 108
　　三、充分发挥政府支持作用 ……………………………… 110
　　四、推进地区农产品物流业一体化建设 ………………… 113
　　五、构建农产品物流协同模式 …………………………… 115
　　六、推动国有农产品物流企业产权制度改革 …………… 117
　　七、扩大农产品出口 ……………………………………… 119
　　八、加大第三产业对农产品物流业发展的支持力度 …… 121
　　九、打造新零售模式，扩大农产品物流业市场空间 …… 123

附　表 ……………………………………………………………… 124

参考文献 …………………………………………………………… 136

后　记 ……………………………………………………………… 151

第一章 绪论

本章主要介绍本书的研究背景、相关领域研究现状、研究的目的与意义,以及本书的研究内容、方法和技术路线。

第一节 研究背景

作为农业大国,我国每年出产数量巨大的各类农产品。以2016年为例,我国共生产粮食61625万吨、棉花529.9万吨、油料3629.5万吨、蔬菜79779.7万吨、水果(包括园林水果和瓜果)191425.7万吨、肉类8537.8万吨、奶类3712.1万吨、禽蛋3094.9万吨、水产品6901.3万吨[①]。这些农产品除去一小部分供农民自身消费外,绝大部分进入了农产品流通领域,以满足城镇居民生活需要和农产品加工业生产需要,由此产生了对农产品物流的巨大需求。同时,随着我国经济转型升级进程的不断推进,服务业的发展成为中国经济未来增长的主要支撑点和动力,农产品物流业作为服务业的重要组成部分迎来了前所未有的机遇。此外,我国正在推动新型城镇化建设,以新型工业化、信息化、城镇化和农业现代化同步发展为主线,农产品物流业在满足数量不断增加的城镇居民生活消费需求,实现农业现代化方面起到不可或缺的"桥梁"作用。因此,自21世纪以来,在我国物流行业整体快速发展的大环境下,我国的农产品物流业发展十分迅速。2000~2012年农产品物流总额平均增长率高达8.37%[②]。全国各地专业农产品物流企业数量增长迅速,规模不断扩大,农产品物流业相关技术创新、设备研发和农产品物流人才培养得到企业、政府和科研机构的高度重视。农产品物流已成为社会物流体系中的重要组成部分。

---

① 数据来自《中国农业统计资料2016》。
② 根据历年《中国物流年鉴》相关数据整理得到。

然而，衡量一个产业的发展是否"健康"，产业的运行效率是最为重要的指标之一。更高的产业效率意味着更高的市场资源配置效率和从业者更高的效率水平，从而能够实现更为优化的投入组合，达到最大产出或最小投入。同时，农产品物流业由于其物流主体——农产品的易破损、季节性等自然特性，相较于其他种类物流而言，农产品物流活动需要更多的资本投入，消耗更多的能源。例如，在鲜活水产品的物流过程中，从产地到销地通常采用全程冷链的方式，需要投入大量的资本采购或租赁冷藏车、冷冻船等专业设备，必要时还需使用空运方式，物流过程中为维持低温也将消耗大量能源。因此，在中国这样一个资源匮乏的国家，如果农产品物流业的发展是建立在低效率的基础上，仅仅依靠加大投入来实现产出的"粗放式"增长，则农产品物流业的可持续性增长无疑要打上一个问号。

同时，农产品物流业效率水平的提高可以有效降低农产品物流成本，而物流成本的降低将减少对农产品生产者和农产品消费者利益的挤占。以降低农产品物流的损耗率为例，我国农产品物流损耗率平均达到35%左右，东部地区农产品物流业较为发达，但损耗率也达到20%～30%的水平；而美国、日本等发达国家的农产品物流损耗率通常在6%以下。农产品物流过高的在途损耗都要计入物流成本。为保证自身的利益，流通领域的经销商只能通过极力压低农产品收购价格和提高农产品销售价格来弥补。这样，一方面农业生产者的经济利益无法保证，影响了农业和农村经济的发展；另一方面加大了广大城镇居民的消费压力。

那么，我国农产品物流业的效率水平如何？是否属于"粗放式"增长方式？各地是否存在明显差异？是什么因素在影响农产品物流业的效率水平？提高我国农产品物流业效率水平的策略是什么？探寻这些问题的答案，无疑具有很强的现实意义。

第二节　文献综述

一、区域物流研究现状

（一）区域物流国外（境外）研究现状

欧美、日本等国家物流业发展水平较高，已形成较为完善的市场调节机制，因此，国外学者对于物流的研究多从微观的角度，以企业为研究对象展开，并未过多地涉及区域物流。国外学者关于区域物流的研究成果主要包括以下四个方面。

1. 区域物流网络构建相关问题研究

这类研究多使用系统动力学、运筹学等工具，围绕区域物流网络构建的相关问题展开，包括选址布局、节点的功能设计、节点间协调等各个方面，研究针对的"区域"范围有城市、国家、大洲甚至全球，大小不一。Verter 和 Dincer（1995）分析了跨国企业或其他组织的设施（包括物流设施）的选址问题，强调了生产—配送网络在跨国企业供应链中的突出作用，而在选址过程中应将国际市场上汇率、价格等不确定性因素加入到现有选址优化及配置决策模型。Godfrey 和 Powell（2000）研究了物流网络选址方法的适度性问题，其结论指出在某些领域，选址时使用相对简单的指数平滑模型反而可以取得更为准确的结果。Amiri（2006）以优化供应链管理为目的，对物流网络选址的相关理论和方法进行了较为全面的总结和分析。在区域物流网络选址、布局方面，其他的研究成果还有 Shigeru 和 Naoto（2002）、Selim 和 Ozkarahan（2008）。在节点的功能设计和节点间协调方面，Melendez（2001）指出，在制定区域物流网络规划时必须认真考虑物流和交通基础设施的重要性。Taniguchi 等（2001）使用仿真动力学模型对城市物流网络进行研究，以定量的方式测度了经济增长、运输需求、道路拥挤程度、环境污染之间的关联性，以为合理制定城市物流网络构建规划服务。Goetschalckx 等（2002）设计了包含供应商、生产商、配送中心、最终客户在内的全球配送系统，其设计目的在于保证需求得到满足的前提下，进行合理定价以尽可能提高公司的纯利润水平。区域物流网络节点功能设计和节点间协调方面类似的研究成果还有 Sarmiento 和 Nagi（1999）、Pontrandolfo（1999）、Jiang 和 Prater（2002）。

2. 政府在区域物流发展中承担的角色和政策作用等问题

虽然英美等发达国家物流业推行的是以市场调节为主的运行机制，但这些国家的地方政府对于本地区物流业的发展十分重视。除了为物流企业提供各种基本政府职能服务外，还在港口、高速公路、城市道路、物流中心或园区等基础设施项目建设上投入了大量的财力和其他资源。这类项目往往投资巨大，企业独自承担有一定困难；即使一些大型企业可以负担资金的投入，也面临一些企业无法解决的市政、法律等方面的问题。如何充分发挥政府作用的问题一直受到这些国家政府和学者、专家的重视。在这一现实情况下，关于政府如何为区域物流产业发展服务的研究成果也比较丰富。O'Connor（2003）从理论和实践两个方面分析了城市物流发展对现代化国际性大城市形成的重要影响，并以此为基础进一步探讨了应当如何制定战略性政策来鼓励城市物流发展，加快现代化国际性大城市形成的速度。在 Kouvelis 和 Rosenblatt（2005）的研究成果中，讨论了政府关税、政府补贴等因素在全球性生产和配送网络中的效用：关税的增加将使企业倾向于分散其配送网络，转向低税率国家或地区集中，在进行物流设施建设融资时的政府补贴可以有效吸引投资者。Ahn（2008）指出要实现区域物流的可持续发展，区域政府应努力保持社会稳定，而政府能否提供足够数量和较高质量的劳动力资源在区域物流发展过程中起到了关键作用。类似的研究成果还有 Stock 和 Lambert（2001）、Rodrigue 和 Hesse（2007）、Kaneko 和 Nojiri（2008）、Lai 和 He（2009）。

3. 区域物流发展的影响因素和发展对策问题研究

在这方面，国外学者的研究对象一般设定为某一具体区域，首先分析该区域物流发展的影响因素，在此基础上给出有针对性的对策。Trunick（1999）以美国俄亥俄州物流产业的发展为案例进行研究，认为高科技产业、区域经济全球化、集中物流配送和小规模、多频率的航运是一个地区能否成为区域物流中心的四个主要因素。Loo 和 Hook（2002）在对中国香港 20 世纪 90 年代以来港口物流发展情况进行分析后发现，除去市场因素的影响外，政治等其他因素也发挥了重要的作用，而通过铁路连接内地市场将是提升中国香港港口物流水平的有力手段。Aljohani 和 Thompson（2016）将物流设施布局合理性、物流活动类型、运输模式和用户类别等作为影响区域物流产业发展的重要影响因素。Mangla 等（2016）在研究印度工业竞争力问题时，发现不同因素对逆向物流的发展的影响程度有所不同，其中全球竞争力、监管、人力资源和组织、经济、战略是最为重要的几种影响因素。

4. 区域物流与区域经济发展的相互关系问题

20 世纪 60 年代以来，随着各类区域经济的快速发展，对于区域物流与区域经济发展之间关系的研究得到国外学者的普遍重视。区域物流与区域经济之间相互影响、关系紧密的观点得到了国外学者较为广泛的认同。Szostak（1991）通过对英法两国的对比论证了运输对两国工业化进程所起的重要作用。Honeyman 等（1996）论证了物流项目实施对于农村经济发展的影响和支持作用。Talley（1996）通过建立模型分析了物流基础设施建设水平对于区域经济发展的影响。Rondinelli 与 Berry（2000）指出，为适应经济全球化的趋势，多式联运的结构必须更为丰富和灵活，服务应达到更高的水平。Pedersen（2001）在研究运输对经济的作用时，发现 20 世纪 70 年代前运输费用是影响区域经济发展最重要的因素，之后其重要程度逐步下降，但当传统运输转化为现代物流后成为了推动全球经济发展的要素之一。Kulshreshtha 等（2001）通过对印度铁路 1960～1965 年相关数据的回归分析，得出了印度铁路运输物流对于印度经济发展有重要影响，二者之间存在较强关联性的结论。Yergaliyev 和 Raimbekov（2016）指出，构建完整而高效的物流体系是保证国家经济平稳增长的重要条件之一，通过发展物流能力可以有效促进经济的快速发展。Liu（2016）的研究成果显示，相关物流成本对泰国的经济布局和产业分布具有一定的影响。在区域物流与区域经济发展的相互关系研究方面，类似的研究成果还有 Debate（1999）、Button 和 Taylor（2000）、Sat（2000）、Brahman（2003）、Ham 等（2005）、Lahiri 和 Yao（2006）。

（二）区域物流国内研究现状

我国受长期实行计划经济体制的影响，地区、行业和部门分割现象较为明显，因此我国的物流研究更侧重于宏观层面和区域层面。近几年，区域物流在理论探讨和方法研究方面均有了长足的发展。

1. 区域物流系统机理及子系统的研究

在区域物流系统机理研究方面，使用的理论工具有系统动力学、博弈论等。王玉君和宋戈平（2003）使用博弈论研究区域物流市场。桂寿平等（2003）采用系统动力学仿真模型，分析区域物流系统的内部结构和各节点间的因果关系，并对区域物流系统结构、功能和行为之间的关系进行定量分析。

在区域物流子系统研究方面，研究的对象主要是物流信息平台、物流园区等基本子系统。例如，戴禾等（2002）使用 DEA 和 AHP 相结合的方法，构建物流园区与运输网络相协调的一致性布局模型；又如，周恒和季晓亮（2003）研究了区域物流信息平台构建过程中，服务层、功能层、技术层等信息平台组成层级划分、各层级功能界定和各层级间协调等问题，并探讨了如何运用 GIS 技术实现信息平台与企业数据库的对接。

2. 区域物流规划理论研究

这一方面主要的研究内容涉及区域物流的规划理论、规划原则、规划内容、规划方法、规划评价等。李旭宏等（2005）运用增长极理论，结合灰色聚类法，按照突出层次、突出重点的原则，将合肥、安庆、蚌埠、芜湖等城市确定为安徽省的物流枢纽城市。陶经辉（2006）以中心城市物流配送体系规划建设为研究对象，首先分析了现有体系存在的问题，继而讨论体系建设过程中需要考虑的因素，并给出建设高效率配送体系的具体措施。其他较有代表性的成果有平海（2003）、王建华（2005）、郑吉春等（2006）、刘秉镰（2007）、刘建文（2009）。

3. 区域物流竞争力研究

为了解区域物流的实际发展水平，以便制定更有针对性的政策或措施，国内学者以某一特定区域（多为省级行政区域，甚至是市县等更小的行政区域区域）为研究对象，分析了区域内物流竞争力水平问题。在李旭宏等（2004）的研究成果中，提出了由六大类指标组成的区域物流产业评价指标体系，分别是社会经济发展类指标，生产、消费与流通类指标，交通运输类指标，人力资源类指标，信息发展水平类指标，政策和环境类指标。邵万清（2006）从宏观角度出发，构建了由物流产业资源、物流产业结构、物流产业规模、物流产业效益、物流产业潜力5个一级指标和下属17个二级解释指标构成的物流产业竞争力评价体系。林晓伟等（2013）在阐述、分析区域物流内涵的基础上，结合我国国情，以"钻石模型"理论为指导，建立区域物流综合竞争力评价模型，并利用因子分析法和层次聚类法进行了验证性实证研究。黄焕宗（2016）在构建区域物流产业核心竞争力评价指标体系的基础上，设计了基于熵权法的加权模式矩阵，以求得评价样本与最优解之间的欧式距离，计算样本间的关联度，从而给出研究样本的竞争力水平排名。从这些成果可以看出，国内研究成果中指标体系的建立非常细化，具有较强的可操作性。此外，对于区域物流竞争力评价方法的研究也是目前国内相关研究的一个热点。王振锋等（2006）指出，一般主成分分析存在由于单纯线性降维造成结果出现偏差的缺陷，而非线性主成分分析法可以弥补这一缺陷，并通过河南省各地区物流竞争力水平的评价对该方法进行了验证，结果表明，非线性主成分分析法不仅突破了一般主成分复杂的指标体系，而且实证结果更为科学可信。同时，部分国内学者开始关注区域物流竞争力差异的研究，如张建升（2011）利用1998~2007年我国内地30个省级行政区的面板数据，分析我国区域物流发展差异及影响因素。陈海波和王世勇（2011）采用多元统计分析的因子分析和聚类分析比较了江苏省13个地级城市的物流产业发展水平，借此发现各城市优劣所在及地区差异。刘子玉和肖静（2012）选取2002年、2007年、2009年三个年份内长吉图区域八个市县物流产业的发展数据，利用产业集中度指标对长吉图地区区域物流产业发展的集聚度和不均衡性进行分析，结果表明，长吉图区域物流产业发展的集聚度不断提高，区域内的不平衡状态进一步加剧。

4. 区域物流发展研究

区域物流发展的研究主要包括两个方面：区域物流发展与区域经济发展的相互关系和区域物流发展模式选择。在区域物流发展与区域经济发展的相互关系方面，海峰等（2004）首先对区域物流的概念和内涵进行了阐述，然后研究了组成区域物流系统的各结构要素，指出提高区域物流产业的发展水平和效率水平是区域经济发展的必要条件之一。夏锦文（2010）分析了区域物流发展过程中对区域经济发展产生的成本效应、资源再分配效应、增长极效应和关联效应。张洁（2014）认为，区域物流与区域经济两者之间存在相互促进的关系。张竟轶（2017）使用面板数据模型，分析了国内生产总值、物流产值与货物周转量三个变量间关系，研究结果显示，三者之间存在长期的协整关系，物流业的发展对经济增长有正面的促进作用，但贡献率仍有待提高。相关研究成果还有卢胜（2003）、钱晓英和马传秀（2007）、武志惠等（2007）、刘南等（2007）、崔国辉和李显生（2010）、邵扬和姚薇娜（2010）、张诚和周敏（2010）、高秀丽等（2012）、赵莉和宋国宇（2012）、黄毅（2013）。

在区域物流发展模式研究方面，海峰等（2005）认为，不同区域在选择物流发展模式时，应考虑经济区位、物流基础设施、产业结构与规模、产业组织及其关联度、产业布局、区际产业联系、区域市场等方面的差异。作者同时结合上述差异提出了四种不同类型的区域物流模式：基于产业聚集区的区域综合型模式、基于产业链的区域供应链一体化型模式、基于区域货物枢纽的多功能服务型模式、基于区域交易市场的交易服务及仓储配送型模式。舒辉（2010）使用解释结构模型法（ISM）对区域物流发展模式的七个影响要素进行了层次结构分析，结果显示：地理区位、政府作用和自然资源是影响区域物流发展模式选择的最基础要素；经济整体发展水平、产业集群、市场与贸易的完善度是最终决定区域物流发展模式选择的直接要素；而物流基础设施则属于中间层要素。

5. 区域物流系统优化研究

这方面的研究主要涉及区域物流系统优化的目标、原则、内容和实施途径等理论研究，以及采用各种管理科学优化方法对区域物流系统优化问题进行的定量研究。况漠（2006）在分析我国区域物流特征的基础上，研究了区域物流系统优化概念、动力机制和优化原则。周平德（2011）创新性地将物流企业降低企业成本、提高核心竞争力的原理运用到降低区域物流发展成本、节约资源、保护环境和促进区域可持续发展的研究当中。

二、农产品物流研究现状

（一）农产品物流国外研究现状

国外学者对于农产品物流的研究基本可以划分为三个阶段。

1. 研究的第一阶段

自20世纪初，有学者开始研究农产品的配送问题，包括配送影响因素、配送成本、配送渠道等方面。这方面的代表性文献是 John E. Croweli 于1901年发表的《工业协会关于农产品配送的报告》。该文献分析了农产品配送的影响因素问题和配送成本控制问题。L. D. H. Weld 发表的《农产品市场营销》则是农产品物流研究早期的另一篇代表性文献。它主要讨论了农产品流通渠道、体系的构建问题。分析这两篇文献可以看出，对于农产品物流，这一时期的国外学者是在商业流通领域内展开研究的。这和当时学术界认为物流仅仅是产成品运输和储存的理念相吻合。

2. 研究的第二阶段

一般认为，这一阶段始于20世纪20年代，持续约70年。在此阶段，农产品物流模式构建成为国外学者研究的中心，以降低农产品流通成本。在美国，由于农业生产水平的不断提高，农产品产量和交易量规模越来越大；同时美国还拥有完善的物流基础设施和信息交换体系。针对此现状，Shepheld（1942）认为，农产品物流模式的最终发展方向应该是农产品期货交易，各级批发市场都应向期货交易市场过渡。最终，形成了以美国、加拿大、澳大利亚为代表的农产品物流"大陆模式"。在"大陆模式"中，粮食类农产品物流以期货交易市场为中心，而果蔬类农产品则以直销模式为主。以日本、韩国为代表的农产品物流"海岛模式"则依托不同层次和功能的批发市场来完成农产品物流活动。在欧洲，学者们认为农产品物流中心应当成为农产品物流的主要渠道。

3. 研究的第三阶段

第三阶段始于20世纪90年代。在这个阶段，经过漫长的发展，农产品物流模式经过实践的不断检验和修正已十分成熟，形成了北美的"大陆模式"、日韩的"海岛模式"（"海岛模式"在我国台湾地区也得到了广泛应用）和以荷兰为代表的"西欧模式"。这些模式的共同特点是依托于农产品供应链，渠道和体系十分完整。鉴于此，学者们认为，要进一步提升农产品物流水平，需要在原有模式的基础上进一步改进和强化对模式运作过程的管理，提升农产品供应链的运作水平。

由于农产品种类繁多，各种农产品之间的特性相差非常大，同时，农产品供应链的运作受供应链分布地域环境因素的影响也比较大，因此国外学者们认为在既有的三种模式下，应根据地域环境、产品种类、产品特性等因素的不同，对农产品物流模式进行改进。在农产品物流模式改进的理论研究上，Costopoulou 和 Lambrou（2000）提出应在有形农产品市场体系的基础上建立农产品物流供应链。Marsden 等（2000）认为各种农产品之间自然特性和市场特性差异较大，应充分考虑其差异性，选择相应的农产品供应链来组织物流活动。Srivastava（2007）提出应在绿色供应链基础上组织农产品物流活动。Ahumada 和 Villalobos（2009）将农产品分为鲜活农产品和非鲜活农产品两大类，主张根据两类农产品特性的不同分别构建农产品供应链模式。在实证研究方面，国外学者结合某一地区的某一类农产品，如水果蔬菜、肉制品、水产品等来展开研究的现象比较普遍。Leat 和 Revoredo-Gih（2008）着重研究了英国大麦供应链的整合问题。Srimanee 和 Routray（2012）研究了在泰国水果蔬菜供应链中五种农超对接模式的最优化问题和泰国政府相关政策的影响效果问题，研究结果显示，农业合作社—超市对接模式是最有效的一种农超对接模式。

在现有的几种主流农产品物流模式下，对模式运作的某些环节展开研究，以期促进模式整体运作水平的提高。这方面的研究包括农产品物流成本控制、农产品供应链各环节之间关系研究、农产品供应链运作效率、农产品库存模型研究、农产品物流信息交流、农产品物流过程中可追溯性、农产品供应链运作风险等多个方面。Stevens（1989）指出物流成本是供应链成本的主要部分，企业应努力降低物流成本水平，以提高农产品供应链整体竞争力水平。Iijima等（1996）在生鲜食品供应链中构建JIT混合物流系统，以强化对生鲜食品供应链的管理。Den Ouden等（1996）认为，由于农产品生产周期长、易腐烂等特殊的自然属性，农产品生产者和经营者结成战略联盟的可能性更大。Boehlje等（1999）从农产品价值链角度，探讨了农产品供应链动态治理和农产品供应链组织结构变革等问题。Minegishi和Thiel（2000）针对生鲜食品供应链面临的外部环境和自身特性，使用系统动力学理论对生鲜食品供应链运作进行建模仿真研究，以提升生鲜食品供应链的管理水平。McKinnont（2003）以英国食品供应链运输效率研究为例，分析了农产品供应链的运作水平在农产品物流过程中的重要性程度。Sodano和Verneau（2004）在研究意大利马铃薯加工业过程中发现，能否实现马铃薯物流过程中的可追溯性，对政府公共食品安全政策和企业内部策略的制定有显著影响。Kramer（2005）认为，蔬菜供应链的运作过程、管理甚至技术等方面都有可能存在影响整个蔬菜供应链的风险隐患。Yanes–Estévez等（2010）根据Duncan提出的环境不确定性类型，以Rasch量表为基础构建了一个心理模型，用以研究不确定性因素对于加纳利群岛农产品供应链运作绩效的影响问题，以便更好地开展农产品物流。Manos和Manikas（2010）研究了在希腊鲜活农产品供应链中实现可追溯性的问题，研究结果表明，使用追溯系统后较低的利润率和对追溯性系统能带来的潜在效益不了解，是在希腊鲜活农产品物流过程中实现可追溯性的主要障碍。

此外，随着"全球生产，全球销售"趋势的出现和不断增强，农产品物流所跨越的地理范围越来越广，在途时间延长；而消费者对农产品品质的要求同样也在不断提高。鉴于农产品本身的易腐性，农产品冷链物流问题研究受到了国外学者的普遍关注。Zack（1998）详细分析了维持农产品冷链物流系统正常运作所应采取的各种措施。Salin和Nayga（2003）探讨了发展中国家食品进口过程中冷链物流网络构建问题，包括冷链物流网络构建过程中需要考虑的影响因素和影响经济主体做出冷链业务选择决策的因素两个方面。James等（2006）指出，农产品冷链物流系统运行的根本目的不是通过单纯制冷保证农产品不腐烂，而是确保农产品在物流过程中保持适于消费的最佳品质和维持其货架期。

（二）农产品物流国内研究现状

国内对农产品物流的研究起步较晚，但已成为物流管理研究领域的一个热点问题，相关研究成果十分丰富。

1. 发达农产品物流发展经验借鉴

国内农产品物流发展水平较低，不少学者因此将研究的内容聚集在国外农产品物流发达国家的成功经验分析、借鉴。胡振虎等（2006）对国外三大成功的农产品物流模式——美加模式、欧洲模式和亚洲模式的特点和成功经验做了详细的介绍，总结其成功经验，并提出我国发展农产品物流应注意的几个方面，包括宏观调控、组织建设、技术研发、农产品物流园区和配送中心建设等。张京卫和张兆同（2007）研究认为，发达国家基础设施完备，技术研发使用水平高，渠道网络规划建设合理，政府宏观调控得当，有力推动了农产品物流的发展。王艳和喻烨（2008）认为，美国农产品物流业的成功之处在于：依托其发达的物流基础设施和信息网络，选择"双（多）段三（多）元式"和"现代单段二元式"的农产品物流模式，缩短了农产品物流渠道，实现参与主体多元化和组织化，信息交流及时准确。

2. 我国农产品物流发展问题分析及对策研究

国内学者对我国农产品物流发展过程中存在的问题和弊端进行了大量研究。研究成果普遍认为，技术水平低、基础设施不完善、从业人员素质不高、信息沟通不畅等是我国农产品物流发展所面临的主要问题。刘飞驰（2007）认为，我国农产品物流发展中存在农产品物流概念和重要性认识不足、农产品物流专用技术研发不力、基础设施建设水平滞后、缺乏有效的信息沟通机制、农产品物流从业人员素质不高等诸多弊端，严重制约了我国农产品物流水平的提高。袁康来（2007）认为，我国农产品物流的发展受到诸多因素的影响，包括农产品自身的生产质量、物流过程中使用各种技术和相关设施的水平、从业人员专业技能水平等，政府应加大宏观政策调控力度，构建合理的流通体系和机制。

3. 我国农产品物流模式问题研究

在这方面，国内的研究成果主要集中在农产品物流新模式设计、农产品物流模式选择、农产品物流模式优化等。在农产品物流新模式构建上，国内学者首先分析了我国目前以批发市场为核心的农产品物流模式所存在的缺陷，根据供应链理论、第三方物流理论等构建农产品物流的新模式。谭丹和朱玉林（2011）利用协同学理论，结合绿色物流理念，从战略层、策略层和技术层三个层面入手，提出了构建农产品绿色物流模式的设想。黄桂红和饶志伟（2011）在其研究成果中运用供应链一体化思想，构建供应链一体化的农产品物流模式，推动农产品生产环节的集成、流通环节的集成以及生产与流通环节的供应链一体化集成。王道平等（2011）从农产品的生产、消费和物流三个角度，构建了包含11个指标在内的指标体系，作为选择农产品物流模式的依据。樊莎莎（2011）通过Flexsim软件的仿真模拟，发现采用了物流虚拟企业运行模式后，农产品物流的库存量、货损率、运作成本等多个指标都有显著改善。

三、物流效率研究现状

(一) 物流效率国外研究现状

国外学者首先以交通运输业为对象开展物流效率方面的研究,随着物流理论和供应链管理理论的发展逐步拓展到物流的其他领域。和对其他物流分支领域的研究一样,目前国外学者的研究视角也集中于物流企业层面,行业和区域层面的研究比较少见。

在物流企业层面,研究的内容主要是测量物流企业的技术效率①水平和技术效率水平变化情况,以及分析影响水平变化的因素。研究中较为常用的是数据包络分析法(DEA)和随机前沿分析法(SFA)两种方法。Ross 和 Droge (2002) 构建了以 DEA 为基础的标杆分析法,利用获取的面板数据对物流配送企业的技术效率水平进行了测算。Borenstein 等(2004) 将巴西邮局下属的营业网点分为客户服务型(Client Service Stores)、配送型(Distribution Store) 和综合型(Integrated Stores) 三种不同类型,并利用 DEA 模型对各营业网点的技术效率水平进行了分析。Rabinovich 和 Knemeyer (2006) 采集多个美国物流企业的样本数据,使用 DEA 模型测算其效率水平进行对比,并分析了不同企业服务绩效和广度对效率的影响。Rogers (2007) 根据仓储业务的特点设立 DEA 模型,对美国的 19 家同类型仓储企业效率水平进行了评价。Hamdan 和 Rogers (2008) 在系统梳理第三方物流企业效率评价方法的基础上,使用 DEA 模型对第三方物流仓储企业的技术效率水平进行了评估,并给出了相应的提升效率水平的方法。由于物流企业的效率评估与企业自身绩效评估有一定的关联和相似性,一些国外学者在研究过程中引入了一些企业绩效评估使用的方法,如平衡积分卡法、指标树法、层次分析法(AHP) 等。Chan 等(2006) 使用 Double - AHP 法对中国香港邮政的技术效率水平进行了测算,据此对中国香港邮政效率改进和现有提升措施的有效性进行了分析。

在行业层面,国外研究大多是以港口物流系统作为研究对象。这类研究的范式通常是先确定一定的技术条件和外部市场环境,然后选定具体的港口作为研究对象,使用参数化或非参数化的方法展开研究。Martinez - Budria 等(1999) 使用 DEA 的方法对西班牙港口的技术效率水平进行了测度。Tongzon (2001) 使用 DEA 的 CCR 和 Additive 模型对比分析了 1996 年澳大利亚 4 个主要港口和世界其他 12 个集装箱港口的效率状况。Barros (2003) 使用 DEA 的方法,分析了 1990~2000 年葡萄牙 10 个港口技术效率水平和技术进步水平的变化情况。Barros

---

① 效率可以分解为技术效率和配置效率。配置效率的测度需要获取价格数据,相较于前者比较困难,故现有研究文献中对效率的研究一般均以技术效率作为研究对象。

（2004）以希腊和葡萄牙港口为代表，使用同样的方法研究了欧洲港口的整体效率水平。Tongzon 和 Wu（2005）使用 SFA 的方法对选定的一些集装箱港口进行实证研究时发现，港口的私有化在一定程度上可以提高港口的运作效率水平，进而提升港口的竞争能力；另外一个对港口竞争能力有影响的因素则是港口适应顾客需求的能力。Chudasama 和 Pandya（2008）构建了包括泊位数量、货场面积、停泊船只数量、各类起重桥吊数量、其他装卸设备数量、货物吞吐量在内的指标体系，对印度 12 个主要沿海港口的技术效率水平进行了测算，并纵向比较了 2002~2006 年效率的动态变化情况。类似的港口物流系统方面的研究成果还有 Liu（1995）、Coto-Millan 等（2000）、Notteboom 等（2000）、Estache 等（2002）、Seabrooke（2002）、Cullinane 和 Song（2003）。此外，也有国外学者研究了其他物流行业的效率问题，如 Couto 和 Graham（2008）利用随机边界超越对数成本函数测算了欧洲各国铁路运输业的技术效率和配置效率。

在所阅读的国外文献中，尚未发现以某一区域物流产业效率为对象的研究成果。

（二）物流效率国内研究现状

与国外的研究相比，国内学者对于物流效率的研究更为全面，研究视角覆盖了企业、行业和区域三个层面，研究内容包括物流技术效率、技术进步和生产率多个方面。

在企业层面，学者们针对不同类型企业设计具有针对性的指标体系，使用 DEA 方法或 SFA 方法测度其技术效率水平和技术进步水平。由于研究对象和指标体系的差异，测度的具体结果不一而同，但国内学者一般都认为我国物流企业的效率处于较低水平。于剑（2008）测度了 2002~2006 年中国五大航空公司的全要素生产率，结果显示，受技术效率水平提高和技术进步的影响，生产率水平总体有一定程度的提高。邓学平和王旭（2009）选取我国 18 家物流企业，结合 DEA – CCR 模型和 Window Analysis 技术，分析了 2001~2006 年的技术效率水平，并借此推断我国物流企业的整体效率水平。庄玉良等（2009）以我国 16 家物流上市公司 2002~2006 年数据为样本，使用 DEA 方法测算各年的静态效率值，然后通过 Malmquist 生产率指数分析效率的动态变化趋势。姚娟和庄玉良（2013）指出所有权结构与物流企业效率水平密切相关，相比于民营企业和外资企业，国有控股企业技术效率水平相对偏低。

在行业层面，国内学者主要研究了交通行业的效率问题。王亚华等（2008）以我国交通全行业和其中的四个主要部门为研究对象，应用 DEA 方法和 Malmquist 生产率指数，结合 Boot – strap 纠偏，对 1980~2005 年的效率水平及变动趋势进行研究，其研究结果显示，20 世纪 90 年代以来，我国交通行业的技术效率水平一直呈现下降趋势，2000年以后技术进步水平大幅上升。王刚和雷定猷（2008）设定铁路货运投入、产出指标，构建评价体系与模型，对我国铁路货运业1995~2005年的技术效率水平进行测算，结果显示，在此期间我国铁路货运业的技术效率水平呈现逐步上升的趋势，在此基础上作者进一步分析了投入产出非有效的深层原因。

在区域层面，国内学者的研究成果是比较丰富的。温永健和王勇（2008）依据面板数据，分析我国东部、中部、西部三大区域的物流产业技术效率水平，并对不同区域间的地区差异进行了对比，从而揭示影响不同区域物流业技术效率水平的关键指标以及不同指标的贡献率。林坦和王玲（2009）依据对数型柯布－道格拉斯生产函数模型，使用SFA方法测算了2003~2006年我国内地27个省市的物流业技术效率水平，并分析其影响因素。樊敏（2010）在剔除相关性影响后，应用三阶段DEA方法分析我国八大经济区域2008年的物流业技术效率水平。王玲（2015）使用SBM测度了我国物流产业的技术效率，研究结果显示，东部地区效率处于技术前沿，中部与东部地区的差距在不断缩小，而西部与东部地区的差距则在不断扩大。廖敏和洪国彬（2015）发现，在不同区域环境规制对物流产业效率的作用不尽相同，在经济发展相对滞后的西部地区，环境规制的促进作用相对较弱；在大部分中部和东部地区，环境规制的促进作用较大；而在辽宁、浙江、江苏等少数省份，环境规制已体现出负面影响。

（三）农产品物流效率研究现状

在农产品物流效率方面，国外学者主要探讨了农产品物流效率的影响因素和提高农产品物流效率的对策。Kliebenstein和Lawrence（1995）指出通过制定有效的协调机制和契约，提高农产品物流各参与主体的竞争地位，可以促进农产品物流效率的提高。Hobbs和Young（2000）以供应链理论为基础，建立分析框架对农产品物流效率进行了详细的分析。Quinn和Murray（2005）研究了农产品物流渠道整合程度和运作的规范性对农产品物流渠道发挥其功能的影响，结果显示，农产品物流资产的专用性和不确定性是影响农产品物流效率水平高低的关键因素。

国内目前专门研究农产品物流效率的成果比较少。现有的文献多是从农产品流通角度来开展研究的，大体可以分为三类：第一类是从定性的角度分析影响农产品流通效率水平的因素。罗必良等（2000）从交易费用的角度出发，认为农产品物流组织的产权结构、农产品物流组织对其成员努力与报酬的计量能力以及农产品物流组织所隐含的制度内容是影响农产品流通效率的主要因素。张闯等（2009）创新性将关系交换理论和组织关系治理理论作为研究的理论基础，指出农产品物流交易关系的复合治理结构这一社会性因素对农产品流通效率影响较大。第二类是农产品流通效率评价指标体系研究。寇荣和谭向勇（2008）在系统回顾和总结了流通效率概念的基础上，分别探讨了从社会、流通者、生产者、消费者四个不同立场出发应如何构建相应的效率评价指标体系，但文中并未给出具体的指标。张磊等（2011）在研究农产品流通效率问题时，将市场整合度、市场集中度、技术效率、消费者满意度、流通差价、交易费用、流通时间七大指标作为评价的基本指标。第三类是我国农产品流通效率水平的实证分析。欧阳小迅和黄福华（2011）测算了我国内地各省份的农产品流通效率水平，研究结果表明，虽然效率水平处于上升状态，但整体水平仍然偏低；农村物流基础设施完备、劳动力素质较高和信息化建设水平较高的省份，其农产品流通效率水平一般要优于农村基础设施建设滞后、劳动力素质低下和信息化建设水平较低的省份。孙剑（2011）首先从农产品流通的速度、效益、规模三个方面出发，选择相应指标，建立评价的指标体系，然后以因子分析法为工具，对1998~2009年我国农产品流通效率的变化趋势、特点进行了研究。和其他两类相比，关于我国农产品效率水平的实证性、定量分析类型研究成果更为少见。

四、现有研究评述

梳理现有关于区域物流、农产品物流、物流效率三方面的研究成果可以看出，各方面的研究已构建起较为完整的理论体系，研究内容覆盖面广，研究方法较为成熟和多样化。这对本书将要进行的研究有很大的帮助，但现有研究也存在一些不足。

（1）目前区域物流、农产品物流、物流效率三个研究领域的交汇处，即针对区域农产品物流业效率问题的研究成果相对较少，并且少有对其进行实证性定量研究的。

（2）现有成果没有明确区分农产品物流效率和农产品流通效率。刘东英（2005）指出：农产品物流只是农产品流通的组成部分之一，对现代物流的研究是建立在"三流分立"的基础上的，因此必须将农产品物流从农产品流通概念中剥离出来，独立进行研究。但现有研究成果多是从研究农产品流通效率的角度出发来研究农产品物流效率的。农产品物流效率研究现状中提到的欧阳小迅和黄福华（2011）的研究成果就是一个典型的例证。没有明确这两者间的差异，将影响研究成果的准确性和说服力。

（3）国内学者在研究区域物流业技术效率水平时，在获得测量结果后，对各区域或地区物流业技术效率水平的差异性没有进行更进一步的深入分析，一般仅仅是以定性方式展开的简单比较。区域物流业技术效率水平的差异性是否可以以定量的方式表达呢？在研究经济发展地区差异性问题时，定量的研究方法已经应用得非常成熟。这些方法完全可以引入区域物流业技术效率的研究领域，以确切了解各区域间的差异程度。同时，处于不同技术效率水平的各个区域在空间上的分布状况如何仍是有待探索的问题。

（4）农产品物流业技术效率水平与农产品供应链上下游产业之间的关系尚不明朗。现有文献中，在涉及物流业技术效率水平的影响因素问题时，通常将影响因素分为两类：一类是投入、产出指标所代表的直接影响因素；另一类是所谓的外生性环境影响因素，如经济发展水平、人力资源、信息化水平等。目前，尚未发现关于农产品物流业技术效率水平与农产品供应链上下游产业之间关系的研究成果。为更有针对性地制定促进农产品物流业技术效率水平提高的政策和措施，应进一步研究农产品物流业技术效率水平与农产品供应链上下游产业，如农业、农产品加工业、农产品零售业之间的相互关系。

第三节 研究目的与研究意义

一、研究目的

基于上文的分析，可以发现，目前国内对于农产品物流效率的研究尚处于比较薄弱的状态。为了能提出更合理、更有针对性的效率水平提升策略，促进我国农产品物流业健康、有序地发展，满足城镇居民消费需求，保证农民收入增加，就必须对我国农产品物流效率水平进行更为准确、深入和全面的研究。本书在借鉴已有研究成果的基础上，将在以下三个方面展开研究：①在准确界定区域农产品物流业技术效率概念的基础上，实现对农产品物流业技术效率水平的静态与动态相结合研究，即不仅针对我国各省级行政区域某一年份的农产品物流业技术效率水平进行横向的静态分析和对比，还将沿着时间轴对农产品物流业技术效率水平纵向变化情况进行分析，从而对农产品物流业技术效率水平的发展趋势有更为清晰的认识。②引入研究区域经济水平发展差异的方法，对我国农产品物流业技术效率水平的地区差异进行研究，并进一步分析不同效率水平区域在空间上的分布状况。③突破现有研究中只考虑投入、产出指标的直接影响和外生性环境因素影响的现状，将农产品供应链上下游产业对农产品物流业技术效率水平的影响纳入研究范围。

二、研究意义

物流业是国民经济发展的重要基础产业之一，是提高我国生产力水平和推动经济发展的四个服务性行业之一①。物流业在我国国民经济发展中的地位和重要性日益突出。农产品物流业作为物流业的主要分支之一，对于保障农业经济发展和促进农业产业化意义重大，引起了我国政府的高度重视。2010年，国家发改委编制了《农产品冷链物流发展规划》，提出要进一步提高果蔬、肉类、水产品等农产品的冷链物流水平；2011年《国民经济和社会发展第十二个五年规划纲要》明确指出要提高物流效率，降低物流成本，推动农产品等重点物流领域发展；在国务院办公厅2011年下发的《关于促进物流业健康发展政策措施的意见》中提出，要将农产品物流业发展放在优先地位，加大政策扶持力度。鉴于我国是一个资源较为贫乏的国家，同时农产品物流业属于资本投入密集、能源消耗密集的产业，只有努力提高农产品物流业运作的效率水平，才能实现农产品物流业的可持续发展。此外，随着我国对外开放的不断扩大，国外物流业巨头已大举进入中国市场。中国农产品物流业的巨大市场空间产生的吸引力使"狼来了"的预言正在变成现实。为应对国外物流企业的有力竞争，提升我国农产品物流业技术效率水平已是迫在眉睫。因此，本书以我国各省级行政区域农产品物流业技术效率水平作为研究对象，分析、探寻提升农产品物流业技术效率水平的策略，具有较高的研究价值和社会意义。

同时，国外学者多关注于物流企业和港口物流系统的效率问题研究，对农产品物流业效率问题的研究主要以定性的方式展开。国内学者虽然在物流产业效率方面研究成果颇丰，却并未直接关注农产品物流业效率问题，对其的研究多是从农产品流通效率的角度展开的。因此，关于我国农产品物流业技术效率水平的研究仍比较薄弱。本书对我国各省级行政区域农产品物流业技术效率水平的关注意在探索适合这一问题的研究理论和方法，寻找并构建符合我国农产品物流业发展实际情况的效率测度模型和效率影响因素分析模型。从这一方面来看，本书的研究是有一定学术意义的。

三、创新点

和现有的研究相比，本书的创新点主要体现在以下三点：

（1）农产品流通是商流、物流、信息流的集合体，本书将农产品物流从农产品流通体系中剥离出来，以我国各省级行政区域农产品物流业技术效率水平为研究对象，进行了全面、系统的研究，弥补了现有成果中研究农产品物流效率时多是从农产品流通角度出发，缺乏针对性的不足。

（2）本书在研究我国各省级行政区域农产品物流业技术效率水平的过程

---

① 根据世界银行发布的《中国：服务业发展和中国经济竞争力》（2000），四个服务性行业包括：物流服务、商业服务、电子商务和电信。

中，引入区域经济发展水平差异研究中使用的 Theil 指数、空间自相关分析等方法，以分析农产品物流业技术效率水平和效率水平变化两个方面的差异性，使得研究的精确性和力度都大为改善，丰富了农产品物流效率研究的方法、手段。

（3）本书使用基于非径向、非角度的 SBM 模型分析了投入变量、产出变量对农产品物流业技术效率水平的直接影响，并利用 Tobit 模型分析了各种外生性环境影响因素所产生的影响。在此基础上，本书还关注了农产品供应链上下游产业影响因素对农产品物流业技术效率水平的影响，以进一步拓展农产品物流业技术效率水平影响因素的研究视野。在大量查阅相关文献的过程中，尚未发现有相同的研究内容。

第四节　研究内容、方法和技术路线

一、研究内容

本书将研究内容划分为八章，各章的具体内容如下。

（1）第一章，绪论。在这一章，本书将首先简述研究的背景和意义，对国内外区域物流、农产品物流和物流效率的研究现状进行综述和评价。在此基础上，阐述本书的研究目的和意义，以及可能的创新点。最后介绍本书的研究内容、所使用的方法以及技术路线。

（2）第二章，农产品物流业技术效率水平影响因素分析。在回顾有关技术效率、技术进步与全要素生产率的理论研究过程，明确技术效率、技术进步、单要素生产率和全要素生产率概念的基础上，本书将进一步分析区域物流和农产品物流概念的理论，以界定区域农产品物流的概念。根据这一概念，本书将深入探讨区域农产品物流业技术效率水平的影响因素，包括投入和产出指标代表的直接影响因素、农产品供应链上下游产业影响因素和外生性环境影响因素。

（3）第三章，农产品物流业技术效率水平测度及其空间差异分析。在该章中，本书在比较各种农产品物流业技术效率水平测度方法特点的基础上，构建基于非径向、非角度的 SBM 模型，并选择投入、产出变量代表指标和数据来源，对我国各省级行政区域农产品物流业技术效率水平进行测度。然后，使用 Theil 指数和空间自相关分析的方法对农产品物流业技术效率水平的空间差异情况进行分析。在该章的最后部分，将对各省级行政区域农产品物流业技术效率水平进行投影分析，以确定改进投入、产出水平的方向和目标。

（4）第四章，农产品物流业技术效率水平变化测度及其空间差异分析。在该章中，本书使用 Malmquist 生产率指数对我国各省级行政区域农产品物流业全要素生产率进行研究，并通过对全要素生产率的分解，深化技术效率水平变化状况的动态研究，并将同样使用 Theil 指数和空间自相关分析的方法对农产品物流业技术效率水平变化的空间差异情况进行分析。

（5）第五章，农产品供应链上下游产业及外生性环境影响因素作用分析。在该章中，本书将首先使用计量经济学的相关方法测度农产品供应链上下游产业对农产品物流业技术效率水平的影响程度，然后使用 DEA－Tobit 模型分析各省级行政区域外生性环境影响因素对农产品物流业技术效率水平的影响程度。

（6）第六章，我国农产品物流业技术效率水平影响因素作用机理分析。通过前述章节的研究，直接影响因素、农产品供应链上下游产业影响因素、外生性环境影响因素对农产品物流业技术效率水平产生了影响。在本章中，本书将对导致影响结果的原因进行深入分析，为后续农产品物流业技术效率水平提升策略的给出奠定基础。

（7）第七章，主要结论、研究展望与策略建议。这一部分对全书研究结论进行整理，同时对未来研究方向进行展望。根据前文分析过程中发现的不利于我国农产品物流业技术效率水平提升的原因，有针对性地给出相应的改进策略。

二、研究方法

本书将综合使用多种研究方法，以达成研究目标，完成研究任务。

（一）文献研究法

在梳理区域物流、农产品物流、物流效率研究成果的基础上，对三者进行整合，分析区域农产品物流业技术效率的影响因素，为构建后续农产品物流业技术效率水平测度模型、分析空间差异等一系列研究奠定理论基础。

（二）数据包络分析法

本书在研究过程使用的是基于非径向、非角度的 SBM 模型。该模型避免了普通 CCR 模型或 BCC 模型在测算效率水平时没有考虑投入与产出的松弛，从而会使得决策单元技术效率偏高的缺陷，测算结果更为准确。然后，本书进一步使用 Malmquist 生产率指数方法，对我国各省级行政区域农产品物流业全要素生产率增长情况进行多重分解，从而详细刻画各省级行政区域农产品物流业发展中技术效率水平的变化状况。

（三）Theil 指数、空间自相关分析的方法

使用 Theil 指数、空间自相关分析两种方法，分别对我国各省级行政区域农产品物流业技术效率水平和技术效率水平变化的空间差异性进行分析。

（四）计量经济学的方法和 DEA – Tobit 方法

在完成农产品物流业技术效率水平及技术效率水平变化的研究后，进一步使用计量经济学的方法和 DEA – Tobit 方法，分别研究各地区农产品供应链上下游产业对农产品物流业技术效率水平的影响，以及外生性环境因素对农产品物流业技术效率水平的影响。

三、技术路线

本书将首先从发展我国农产品物流业的重要经济、社会意义出发，提出研究农产品物流业技术效率问题的现实要求。本书以我国内地 28 个省级行政区域农产品物流业技术效率水平为研究对象。因此，为构建农产品物流业技术效率水平测度、分析模型，本书先根据区域物流、农产品物流、效率、生产率等相关理论，界定区域农产品物流业技术效率水平的各种影响因素，包括投入、产出水平代表的直接影响因素、农产品供应链上下游产业影响因素和外生性环境影响因素。在此基础上，选择相应变量，并考虑现有文献使用 DEA 模型的不足，选择基于非径向、非角度的 SBM 模型，完成农产品物流业技术效率水平的测算，并使用 Theil 指数、空间自相关分析等方法分析农产品物流业技术效率水平的空间差异性。在获得各省级行政区域农产品物流业技术效率水平静态值之后，进一步使用 Malmquist 生产率指数模型，分析农产品物流业技术效率水平随时间的动态变化情况，并比较不同区域之间的空间差异性。根据所界定的农产品供应链上下游产业影响因素和外生性环境影响因素，分别使用计量经济学模型和 Tobit 模型，分析这两类因素对各省级行政区域农产品物流业技术效率水平的影响。最后，针对分析所得的各类因素对农产品物流业技术效率水平的影响结果，剖析产生结果的原因，并给出相应的提升各省级行政区域农产品物流技术效率水平的策略建议。

总体而言，本书拟采用"提出现实问题→建立理论模型→数据实证分析→给出提升策略"的研究思路，具体的研究技术路线如图 1 – 1 所示。

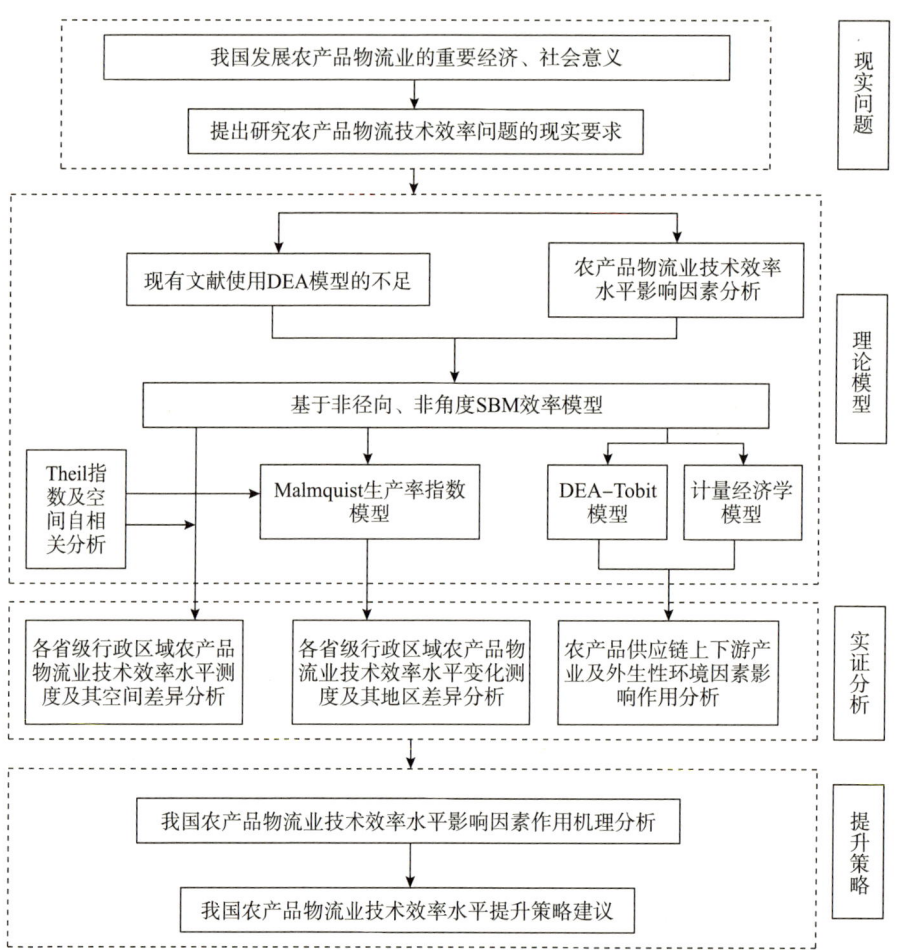

图1-1 研究技术路线

第二章　农产品物流业技术效率水平影响因素分析

本书的研究目的在于测算我国各省级行政区域农产品物流业技术效率的实际水平，分析其变化过程，判断影响农产品物流业技术效率水平的问题所在，并据此给出提升效率水平的策略。为达成这一目标，在本章，首先要对技术效率和区域农产品物流业的概念进行界定，并分析影响区域农产品物流业技术效率水平的各类因素，为后续研究奠定基础。

第一节　效率、技术进步与全要素生产率理论阐述

一、现代经济理论中关于效率的论述

在不同的研究领域，在不同的历史阶段，学者从不同的角度对效率的概念做出了多种阐述。如在《辞海》中，效率是指"消耗的劳动量与所获得的劳动成果的比率"。

经济学家们很早就开始关注效率的研究。亚当·斯密（Adam Smith）"分工促进效率"的观点通常被视为是经济学领域最早的关于效率问题的表述。研究大致可以分为三个阶段。

以亚当·斯密和李嘉图（Ricardo）为代表的古典经济学家主要关注的是生产领域的效率问题。古典经济学家在分析生产效率问题时，将生产的投入要素界定为土地、劳动、资本，将生产的产出要素界定为租金、工资、利润。这一阶段的关于效率的核心观点为：提高生产效率的关键在于进行合理的劳动分工，同时要着力提高资本的累积水平。

以帕累托（Pareto）为代表的新古典经济学家对于效率研究的重心更加倾向

于配置效率,关注的是在资源有限的前提下,对现有资源进行合理配置,取得最大的配置效率。帕累托效率(Pareto Efficiency)的定义是,"对于某种经济资源配置,如果不存在其他可行配置,使得所有经济个人至少和初始时一样好,并且至少有一人比初始时更好,那么这个资源配置最优",即所谓的"帕累托最优"(Pareto Optimality)。帕累托效率是经济学中普遍认同的效率概念。

在现代效率理论中,Debreu(1951)和 Koopmans(1951)各自给出了自己的研究成果。Farrell(1957)借鉴其研究成果,提出了新的效率测度方式,能够有效测度某一组织在多种投入情况下的效率水平。按照 Farrell 的观点,一个决策单元(Decision Making Unit,DMU)的经济效率(Economic Efficiency,EE)可以分解为技术效率(Technical Efficiency,TE)和配置效率(Allocative Efficiency,AE)两部分。其中,技术效率是指在生产技术和市场价格不变的条件下,按照既定的要素投入比例,该 DMU 生产一定量产品过程中实现投入最小化的能力或在一定投入水平不变前提下实现产出最大化的能力。技术效率值因此等于最优投入与实际投入的比值,或实际产出与最优产出的比值。技术效率水平的高低由此反映了该 DMU 的资源利用能力。配置效率是指在一定的市场价格和现有生产技术条件下,将每种资源配置到最适合的使用方向上的能力。因此,提高效率水平的途径有两种:一是技术效率水平的提高,二是配置效率水平的提高。

本书以 Farrell 的理论作为后续农产品物流技术效率研究的理论基础。但目前较为权威的官方统计资料中,难以获取不同区域农产品物流业投入要素在不同时期的价格信息,从而无法计算农产品物流业的配置效率值,因此本书以农产品物流业技术效率作为研究对象。

二、技术效率、配置效率的几何解释

对于技术效率和配置效率,Farrell(1957)在其论文《生产效率度量》中,以图形的形式给出了技术效率和配置效率的几何直观形式,而不是以数学模型和参数的方式来确定投入与产出之间的关系。

Farrell 以双要素投入和单要素产出的企业为研究对象,构建效率模型,如图 2-1 所示。其中,横轴为劳动力投入,纵轴为资本投入,CC′为等成本线,OP 为企业规模扩张线(规模报酬不变,Constant Returns to Scale,CRS),UU′线为生产前沿面(Farrell 前沿面)。

当 DMU 的生产状态处于 A 点时,即处于等成本线 CC′、规模扩张线 OP 和生产前沿面 UU′的交点时,该 DMU 的技术效率和配置效率均达到有效状态(效率值等于1)。

第二章 农产品物流业技术效率水平影响因素分析

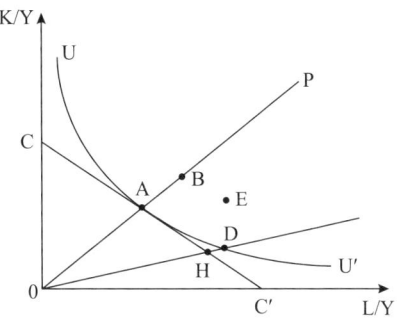

图 2-1 Farrell 模型直观图

当 DMU 的生产状态处于 B 点时，B 点处于规模扩张线 OP 上，但并不在生产前沿面 UU′ 上，该 DMU 配置效率达到有效状态，但技术效率并未达到有效。

当 DMU 的生产状态处于 D 点时，D 点出现在生产前沿面 UU′ 上，但并不在规模扩张线 OP 上，此时该 DMU 技术效率达到有效状态，但配置效率并未达到有效。

当 DMU 的生产状态处于 E 点时，E 点既没有出现在生产前沿面 UU′ 上，也不在规模扩张线 OP 上，则认为该 DMU 的技术效率和配置效率都没有达到有效状态。

基于投入角度（在规模报酬不变，价格确定且在既定的技术水平下，一个 DMU 可以减少多少投入量仍能保持原产出数量，从而提高效率），如果某个 DMU 的生产状态处于 P 点时，该 DMU 的技术效率和配置效率均未达到最优有效状态，如图 2-2 所示。其中，横轴为投入 X_1，纵轴为投入 X_2，AA′ 为等成本线，OP 为企业规模扩张线，SS′ 线为生产前沿面。

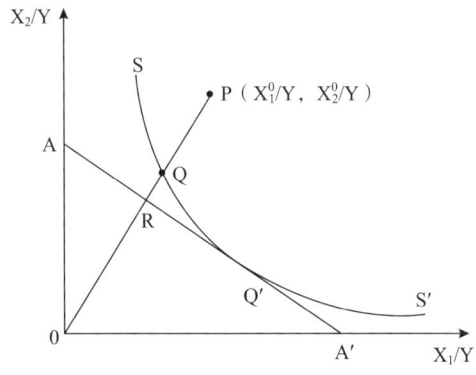

图 2-2 规模报酬不变前提下基于投入角度的效率

于是，技术非效率比例就等于 PQ/OP 的比例，表示该单元为达到技术效率有效状态需要减少的投入要素比例，则技术效率 TE 的表达式如下所示：

$$TE = OQ/OP = 1 - PQ/OP \quad (2-1)$$

当 DMU 生产状态从 P 点移动到 Q 点时，仍处于配置非效率状态，但进一步移动到 Q'点时，则转变为配置效率有效状态，QR 表示所能减少的成本，所以该 DMU 的配置效率 AE 如下所示：

$$AE = OR/OQ \quad (2-2)$$

因此，可推得总的经济效率 EE 如下：

$$EE = TE \times AE = (OQ/OP) \times (OR/OQ) = OR/OP \quad (2-3)$$

基于产出角度（一个 DMU 在投入一定的情况下，可以增加多少产出数量，从而提高效率），假设该企业为单要素 X 投入和双要素产出 Y_1、Y_2，DD'为生产前沿面，DD'为等成本线，OC 为企业规模扩张线，ZZ'线为生产前沿面。如果某个 DMU 的生产状态处于 A 点时，该 DMU 的技术效率和配置效率均未达到有效状态，如图 2-3 所示。

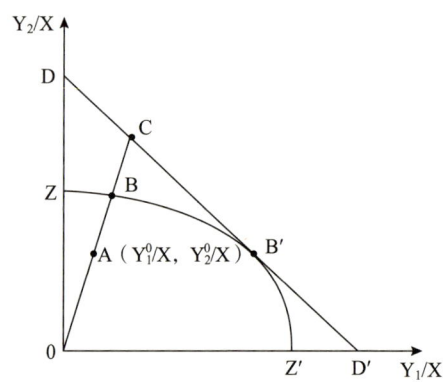

图 2-3 规模报酬不变前提下基于产出角度的效率

同理，可以推得技术效率 TE、配置效率 AE 和经济效率 EE 如下：

$$TE = OA/OB = 1. AB/OB \quad (2-4)$$

$$AE = OB/OC \quad (2-5)$$

$$EE = TE \times AE = (OA/OB) \times (OB/OC) = OA/OC \quad (2-6)$$

以上分析建立于规模报酬不变的理想状态下，但现实生产情况并非如此。在实际的生产中，规模报酬通常是变化的。在规模报酬可变（Variable Returns to Scale, VRS）情况下，技术效率可分解为纯技术效率（Pure Technical Efficiency, PTE）和规模效率（Scale Efficiency, SE）。纯技术效率反映了被考察 DMU 当前生产点与规模报酬变化下的生产前沿（Production Frontier）之间的距离，即规模报酬变化下的技术效率，而规模效率反映了规模报酬不变下的生产前沿与规模报酬变化下的生产前沿之间的距离。以基于投入角度的单投入单产出情况为例，纯技术效率和规模效率的几何解释如图 2 - 4 所示。

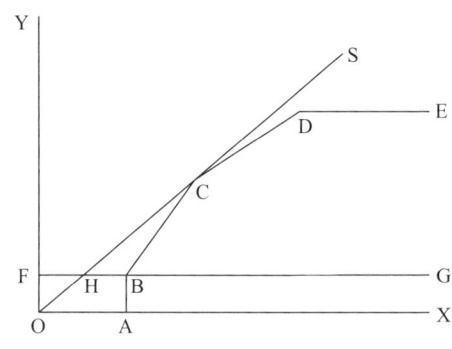

图 2 - 4　规模报酬可变前提下基于产出角度的效率

在图 2 - 4 中，X 为投入；Y 为产出；OS 为规模报酬不变情况下的生产前沿面；ABCDE 为规模报酬变化情况下的生产前沿面；FG 为保持一定产出水平下的投入要素成本线。如某一 DMU 的生产状况处于 G 点，则由图 2 - 4 可推得规模报酬不变情况下的技术效率如下：

$$TE = FH/FG \tag{2-7}$$

这和图 2 - 2 中推得的技术效率等于 PQ/OP 是一致的。当规模报酬可变时，DMU 如仍在 G 点生产，则可求出纯技术效率 PTE 和规模效率 SE。

$$PTE = FB/FG \tag{2-8}$$

$$SE = FH/FB \tag{2-9}$$

因此，如果该 DMU 在 OU 前沿上生产时，其规模效率为 1，即该 DMU 达到规模有效状态；当规模效率小于 1 时，该 DMU 处于规模无效状态。由式（2 - 7）、式（2 - 8）、式（2 - 9）可以看出，技术效率 = 纯技术效率 × 规模效率。

上述讨论中均假设生产技术水平不变。当生产技术条件发生变化，即出现"技术进步"时，生产前沿面的位置将发生改变。在投入水平不变时，如果出现技术进步——技术水平提高时，生产前沿面将向代表更大产出水平的方向移动。

三、现代经济理论中关于生产率的论述

本书不仅关注我国各省级行政区域农产品物流业技术效率水平的静态值，同时还试图分析在研究时期内不同年份农产品物流业技术效率水平的变化情况。为

达到这个目的,本书将利用全要素生产率增长率分析的方法。因此,此处先对全要素生产率的概念及相关理论进行梳理和阐述。

(一)生产率的概念

对于生产率的研究由来已久,在古希腊时期,柏拉图(Plato)提出的劳动分工理论、亚里士多德(Aristoteles)提出的使用价值和交换价值理论中都曾涉及了生产率问题。

随着经济学研究的发展,生产率的早期概念也随之出现。目前一般认为最早的较为规范的生产率概念是法国重农学派的奠基人魁奈(Qnesnay)提出的,在其著作《关于手工业劳动》中,曾两次使用"生产率"这一术语,如"艺术家和工业者的劳动报酬愈高,那么这种劳动的生产率愈大"。从其文字表述内容来看,魁奈研究的对象是劳动生产率,但魁奈并未给出劳动生产率的准确定义,且将劳动生产率的研究范围局限在农业生产领域。亚当·斯密则将生产率概念的应用范围扩展到了整个生产活动或生产领域,认为由分工引起的劳动生产率提高是国民财富增长的原因之一。由此直至 20 世纪上半叶,西方经济学家一直将研究的重点放在劳动生产率上,也有部分学者的研究范围涉及了资本生产率。以现在的观点来看,无论是劳动生产率还是资本生产率均属于单要素生产率,即只考察某一种生产要素的投入与产出之间的比例关系。然而,生产是一个多要素投入的复杂转换过程,除了劳动投入、资本投入,还受到生产技术、组织创新、自然资源等其他因素的影响。单要素生产率只从某一投入要素的角度来考察生产效率,反映的只是该投入要素在生产过程中的利用程度。因此,随着理论研究的不断深入和生产的快速发展,单要素生产率理论已经无法解释随之出现的诸多问题。西方学者开始试图从更全面的角度来探索、研究生产率问题。

(二)全要素生产率的概念

1942 年,诺贝尔经济学奖获得者之一,荷兰经济学家 Tinbergen(1942)提出了全要素生产率的概念,由此被认为是全要素生产率研究的第一人,但他提出的 TFP 概念只是同时考虑了劳动和资本两种投入要素。美国经济学家 Kendrick(1961)明确指出:生产率是产出与投入的比率;产量和劳动、资本等某一特定投入量之比,只能称为部分生产率,只能衡量某一段时间内的生产率,而不能表示生产率的全部变化,因为生产率的全部变化不仅受到投入总量的影响,还受到投入结构变化的影响;要全面衡量生产效率的变化就必须使用 TFP,即产量与全部要素投入量之比。Kendrick(1973)还给出了除劳动、资本以外的其他投入要素,包括研究与发展费用、教育与培训费用、资源配置状况、技术创新的扩散程度、规模经济、人力资源和自然资源的质量等。目前,对于 TFP 的概念理论界已达成比较一致的认识:兼顾劳动、资本、自然资源等所有投入要素,产出量与全部投入要素量的比值即为TFP。

由于TFP需要考虑所有投入要素，而"所有投入要素"的涵盖范围非常宽泛，使得给出TFP的具体表达式变得较为困难，因此目前对TFP的研究以TFP的增长率为主要内容。需要指出的是，部分文献混淆了TFP和TFP的增长率的区别，其所谓的TFP测算实际上都是在测算TFP的增长率。

在TFP增长率测算研究方面，索洛（Solow）第一次实现增长率的定量计算。Solow在道格拉斯生产函数的基础上，以规模报酬不变、希克斯中性技术进步及利润最大化等条件为假设，推导出增长方程并估算出扣除资本和劳动增长率之和后的余值（该余值后来被命名为"索洛余值"）。Solow（1957）认为该余值即为TFP的增长率，并将其称为"技术进步率"。在此基础上，Denison（1967）先将投入要素进行详细分类，并给不同类别的要素赋予不同的权重，从而得到总投入的加权和，使得测算结果更加精确。以索洛的研究为开端，学者对TFP增长率进行了大量的研究，取得丰富的成果。

然而，这些研究成果均将TFP的增长等同于技术进步。这实际上假定了所有不同的生产企业对生产技术的应用都是有效的，只是由于技术水平的差异才导致了TFP增长的差异。这种假设无法解释使用同样生产技术的生产企业为何TFP的增长却不相同的实际现象。其实，正如Farrell（1957）所指出的：并不是所有的生产企业都是充分有效的，大部分企业都存在技术无效率的情况，即没有利用技术达到最佳生产效率。基于这样的思想，Aigner和Chu（1968）提出确定性生产前沿的概念：确定性生产前沿代表充分有效利用生产技术所能实现的最佳生产效率（生产的可能性边界），当技术条件发生变化时，该前沿面将发生移动；而任何偏离确定性生产前沿的现象都是由于其代表的DMU技术无效率造成的，由此将TFP的增长分解为技术进步变化和技术效率变化两个部分。技术进步变化代表了生产前沿位置的改变，技术效率变化则代表了实际生产点向生产可能性边界的移动。后续的研究中，学者们又加入了生产过程中的一些随机干扰因素，使得确定性生产前沿转化为随机性生产前沿。随机前沿分析法（SFA）作为一种研究TFP增长的方法也被越来越多的文献所采用。

回顾上述关于TFP增长率的理论研究可以看出，测算TFP增长率数值并将其分解，即可得到技术效率变化值。因此，本书在后续研究中将测算区域农产品物流业的TFP增长率数值，然后分解为技术进步变化和技术效率变化两部分，从而分析在研究期间内我国各省级行政区域内农产品物流业技术效率水平的动态变化情况。

第二节 区域农产品物流概念

一、区域物流的概念

区域物流是物流研究的重要分支之一,近年来得到越来越多专家的重视,取得了大量的研究成果。

众多学者在其研究成果中,从不同的角度给出了对于区域物流概念的解释。董千里和董明(1998)将区域物流定义为一定区域范围内包含物流运营与监控等活动在内的系统体系,其运行目的在于实现该区域社会经济的最佳战略。海峰等(2003)认为,区域物流是在一定的区域地理环境中,以大中型城市为中心,以区域经济规模和范围为基础,结合物流辐射的有效范围,将区域内外的各类物品从供应地向接受地进行有效实体流动的系统。李燕(2004)认为,区域物流是以经济学中的区域概念为基础的,是指区域范围内进行的一切物流活动,包括运输、保管、装卸、包装、流通加工以及信息传递等功能实体性的流动与物流过程中各环节的物品运动,侧重于同一区域经济圈内部城市之间和不同区域经济圈之间从供应者到需求者的物流活动一体化过程,目的是运用区域概念和战略手法解决宏观物流的各种问题,实现区域物流最优化。李建军(2013)将区域物流与区域物流系统视为等同的概念,并给出区域物流系统的概念:区域物流系统是指在一定经济区域范围内,以提高本区域物流活动的水平和效率,扩大物流活动的规模和范围为目标,以物流中心城市为中心节点,以区域物流网络为基础,通过各种运输方式,经过各种物流功能、物流运作的各参与主体和系统要素在各种物流机制下的综合作用,将区域内外的各类物品从供应地向接受地进行有效实体流动的复杂网络系统。

以上定义虽然各有其侧重之处,却也带有一定的共性。本书以为,要准确理解区域物流的内涵,需从以下五个方面着手。

1. 区域性

区域物流活动被认为是发生在一个区域之内,以该区域提供的空间为载体。然而,"区域"的定义是什么,在学术界并未进行明确的界定,取决于研究问题的角度和目的。区域可以是省份、自治区、城市等行政区域。区域也可以是国家的一个特殊的经济上尽可能完整的地区。这种地区由于自然特点、历史文化积累、居民、生产活动能力的结合而成为国民经济总锁链中的一个环节。①

无论区域范围大小，不同区域间在自然环境、社会环境等方面都存在一定程度的差异；但对于区域内部不同组成部分而言，以上方面却是相似和共通的。因此，同一区域内部往往形成一个相对整体，并与其他区域有较为明显的区别。这种特性使得区域物流往往带有较为鲜明的地域特征。

2. 综合性

区域物流的综合性可以从两方面来理解：一方面，区域物流所包含的不仅仅是物流的某一环节，而是集成了运输、储存、装卸、搬运、包装、流通加工、配送及信息处理等物流的各个环节。另一方面，区域物流的综合性还体现在根据物流对象、物流路线和物流起终点等方面的需要，区域内及区域间公路、水路、铁路、航空、管道等多种运输方式之间的综合。

3. 系统性

系统是由两个或两个以上要素组成的整体。要素之间彼此支持，却又相互制约，达成系统的稳固性，并赋予系统单个要素不具备的整体功能。进行比照不难发现，区域物流是符合系统的定义和特征的。区域物流系统由两大类要素组成：一大类要素是以物流活动各个环节为业务经营范围的，组成区域物流业的各个子行业，包含运输业、仓储业、流通配送业、信息服务业等；另一大类要素是对区域物流活动有直接影响的政府机构、金融企业、中介企业等相关企业和组织。这些要素彼此支持、相互制约。以政府机构和某一物流子行业的相互关系为例：政府机构制定的物流政策、法规对于物流行业业务活动的开展起着服务、指导、约束、管理的作用；同时物流行业的发展状况又直接影响到政府机构物流战略、物流规划的实现。区域物流实现了物料在区域内部和区域之间的流动，单纯依靠某一企业、组织或行业是难以完成区域物流活动全部环节的。区域物流所能提供的整体功能是系统部分要素无法单独提供的。因此，区域物流具有很强的系统性，一定程度上可以将区域物流与区域物流系统视为等同的两个概念。

4. 适应性

首先，区域物流为区域经济和社会发展提供支持，因此区域物流的发展方向和目标必须与本区域经济、社会发展的规划相适应，与本区域经济和社会发展的总体目标相协调。其次，区域物流的发展是以当地经济发展水平为基础的。不同区域在经济发展水平上的差异，直接制约着本区域内物流产业的发展水平。最后，区域内的产业结构、产业形态和发展趋势，对于区域物流组织结构、物流模式、运输方式等方面都有重要影响。以西部地区为例，西部地区出产的主要是农

---

① 该定义出自1922年《全俄中央执行委员会直属俄罗斯经济区划问题委员会拟订的提纲》，也为国内经济学者所普遍接受和使用。

产品和工业原材料,物流目的地多为东部工业发达地区,因此往往采用水路、铁路等大宗货物运输方式。

5. 中心性

区域内存在的中心城市,由于其在经济发展水平上的优势地位,以及在政治、文化、历史方面的巨大影响力,产生极强的辐射作用,从而形成以该城市为核心,以周边的中小城市或地区为卫星地区的经济圈或经济带,如武汉城市圈和长株潭城市圈。作为服务于经济发展的辅助产业,区域物流活动主要发生在中心城市与周边地区,以及中心城市与外区域之间。同时,中心城市的物流水平得益于所在城市的经济发展优势,一般明显高于周边地区。因此,区域内的中心城市通常也是该区域物流产业的中心。

综合以上对区域物流的理解,结合现有文献,本书尝试给出区域物流的定义:区域物流是指以一定范围的地理区域为载体,以区域内经济发达城市为中心,以区域经济、社会发展水平为基础,由区域物流业(包含交通运输业、仓储业、流通配送业等子行业)和其他物流相关组织(包含政府机构、行业协会、金融企业、中介企业等)组成,依托区域内物流基础设施,综合使用各种运输方式,实现各类物品从供应地向接受地流动的经济系统。

二、区域农产品物流的概念

一般认为,农产品物流是指为了满足消费者需求,以农产品为物流对象,实现其物质实体及相关信息从生产者向消费者流动的物流活动,包括农产品产后采集、流通加工、包装、储存、搬运、装卸、运输、配送等物流环节。通过农产品物流活动,农产品的经济价值和使用价值最终才得以实现。但需要指出的是,化肥、饲料、农药、农业生产器具等农业生产资料实质上均属于工业产品,将其作为农产品物流的研究对象是不妥当的。因此,在本书中,农产品定义为通过种植业、畜牧业、渔业等农业生产活动所获取的动植物初级产品,不包括经过加工的各类产品。

通过农产品物流的采集与流通加工功能,改变了农产品的原始形态,使之更适合后续使用和消费;通过农产品物流的储存功能,解决了农产品生产的季节性、集中性与农产品消费的常年性之间的矛盾;通过农产品物流的运输、配送等功能,克服了由于农产品生产地域分散性带来的农产品生产地与消费地之间的地理距离。农产品物流的有效运作,最终帮助农产品实现了其经济价值和使用价值。

农产品中一部分直接进入流通领域,经由农产品批发商、零售商转手,在超市、农贸市场等场所销售给城镇居民直接消费。剩余部分的农产品则进入生产领域，销售给农产品加工企业，进行深度加工。必须指出的是，农产品加工企业的"深度加工"不同于农产品物流中的"流通加工"。前者生产工艺较为复杂，使用技术水平较高的生产设备，对工人的生产技能有很高的要求。国家对农产品加工过程、加工后所得产品质量均有较为严格的要求和标准。农产品加工过程具有批量大、生产过程高度可控性、连续性较强等典型的工业生产特征。经过"深度加工"的农产品在外观、气味、储存期限、使用方法上与未经加工的农产品有明显的区别。农产品物流中的"流通加工"只是对初级农产品进行的较为简单的加工和处理，所以农产品加工企业的"深度加工"并不是农产品物流中的流通加工环节。此外，根据国民经济行业分类（GB/T 4754—2011），农产品加工业分类在制造业大类中，属于工业领域。农副产品加工企业所生产产品向消费者的流动过程因而属于工业制品物流范畴，而不是农产品物流范畴。因此，农副产品加工企业可视为农产品物流过程结束的终点之一。从而，上述农产品物流定义中的"消费者"内涵可以从两个方面来理解：一方面是城镇居民消费者；另一方面是农产品加工企业。

在阐述、分析农产品物流概念的基础上，结合上文提出的区域物流的定义，可以将本书所研究的区域农产品物流定义如下：区域农产品物流是指以一定范围的地理区域为载体，以区域内经济发达城市为中心，以区域经济、社会发展水平为基础，由区域农产品物流业（包含农产品交通运输业、仓储业、流通配送业等子行业）和其他农产品物流相关组织（包含政府机构、行业协会、金融企业、中介企业等）组成，依托区域内农产品物流基础设施，综合使用各种运输方式，实现农业初级产品从农产品生产地向城镇居民消费者和农产品加工企业所在地流动的经济系统。

第三节　区域农产品物流业技术效率水平影响因素

由上述定义可知，区域农产品物流业是组成区域农产品物流系统的一类要素。区域农产品物流业生存于区域农产品物流系统所处的地理区域范围内，其经营活动必然受到该区域经济、社会发展水平的影响和制约。组成区域农产品物流系统的另一类要素——政府机构、金融企业、中介企业等其他农产品物流相关组织，对于区域农产品物流业的发展也产生影响。此外，区域农产品物流业实现了农业初级产品从农产品生产地向城镇居民消费者和农产品加工企业所在地的流动。农业生产能力的提高、农产品销售业和加工业更高的发展水平都可以有效刺激对农产品物流的需求，而更高的需求水平对于区域农产品物流业运行的技术效率既有可能产生正面影响，也有可能带来负面作用。所以，区域农产品物流业技术效率水平的高低不仅取决于产业自身运作状况，还受到诸多复杂因素的影响。在本书中，将区域农产品物流业技术效率的影响因素分为三类：直接影响因素、农产品供应链上下游产业影响因素和外生性环境影响因素。

一、直接影响因素

按照 Farrell 理论，技术效率值等于最优投入与实际投入的比值，或实际产出与最优产出的比值。因此，产业本身的投入、产出水平是影响区域农产品物流业技术效率水平的直接因素。接下来，本书将深入分析可代表区域农产品物流业投入、产出的具体因素。

区域农产品物流业是由农产品运输业、仓储业、流通配送业等多个子行业组成，服务于区域经济、社会发展的复杂产业，对它的研究应属于产业研究范畴。在研究国家或地区某一产业的投入产出关系时，柯布－道格拉斯（Cobb－Douglas）生产函数是运用较为广泛的生产函数之一，其一般形式如式（2－10）所示。

$$Q(K, L) = AK^{\alpha}L^{\beta}, \quad 0 < \alpha, \beta < 1 \qquad (2-10)$$

式（2－10）中 Q 代表产值；A 代表技术水平；K 代表投入的资本水平；L 代表投入的劳动力水平；α 为资本产出的弹性系数；β 为劳动力产出的弹性系数。从柯布－道格拉斯生产函数的表达式可以看出，在既定的技术水平条件下，影响产出的主要投入因素是资本、劳动力。

根据 Strassner 等（2005）从产业层面对生产率进行测度时提出的 KLEMS 生产率测度方法，总投入由两大部分组成：最初投入和中间投入。最初投入包括资本和劳动力，中间投入则包括能源、材料和服务。因此，总投入包括资本、劳动力、中间投入三个组成部分。

综合柯布－道格拉斯生产函数和 KLEMS 生产率测度方法对于投入因素的解释，投入因素主要有三种：资本、劳动力、中间投入。由于中间投入涉及变量太多，可能导致技术效率测度模型过于复杂而无法获得最优解，且在现有官方统计资料中无法获得各省级行政区域关于这几种中间投入的数据，因此本书在研究过程中仅考虑资本、劳动力两种因素。

区域农产品物流业的产出是相应投入带来的结果，反映了对本区域农产品物流需求的满足程度。参考目前关于区域物流产出的研究文献，代表区域农产品物流业产出的具体因素可以界定为区域农产品物流业货运周转量或增加值。区域农产品物流业货运周转量是从实物形态的角度来衡量区域农产品物流业的产出水平；区域农产品物流业增加值则从价值形态的角度来衡量区域农产品物流业的产出水平。从理论上说，两者均适合作为代表区域农产品物流业产出的具体因素，但现有统计资料中无法获得研究期间我国各省级行政区域的农产品物流业增加值。《中国统计年鉴》中没有关于农产品物流业增加值的统计条目；《中国第三产业统计年鉴》和《中国物流年鉴》中只在近几年才开始统计农产品物流业的增加值，但只有全国范围的数据，没有各省级行政区域的数据。此外，我国出于促进经济、社会全面发展的目的，一直实行稳定的低运价政策。价格与实际价值偏差较大，使用增加值作为产出衡量指标将严重低估区域农产品交通运输业的实际产出水平，而交通运输业一直是物流业的主要组成部分。因此，本书决定选择区域农产品物流业货运周转量作为代表产出水平的具体因素。

二、农产品供应链上下游产业影响因素

在如图2-5所示的农产品供应链中，农业生产者生产出的农产品到达供应链下游终端的城镇居民消费者和农产品加工企业的途径主要有三种：在"农超对接""订单农业"等模式下，进入以大中型超市或连锁超市为主体的农产品零售商销售终端，销售给城镇居民消费者；经过产地批发商和销地批发商的中间转手，再通过农产品零售环节销售给城镇居民消费者；农产品加工企业通过建设原料供应基地方式直接获取农产品。在这三种途径中，农产品的所有权在节点之间完成转换，而农产品的实体流动则依赖农产品物流业的渠道和网络。从农产品供应链的结构（见图2-5）可以看出，农业位于供应链的最上游，而农产品零售业和农产品加工业位于供应链的下游，农产品物流业承担着沟通供应链上下游产业间农产品流动的服务职能。

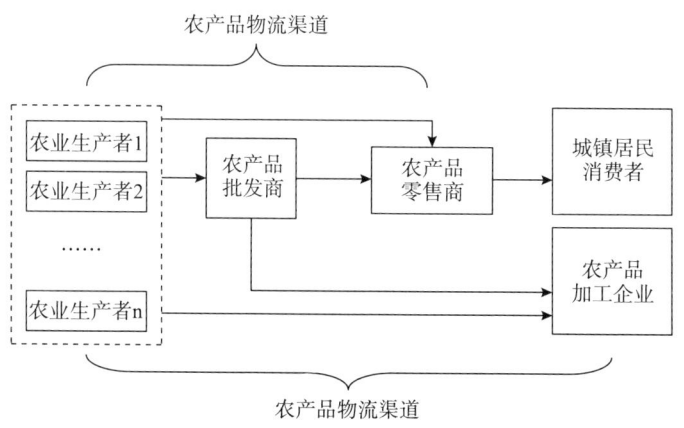

图2-5 农产品供应链

某一区域农业生产规模越大，则意味更多的农产品被生产出来。除去一小部分满足农民自身消费以外，大量农产品将进入流通领域，完成流向农产品供应链下游的进程。农产品流通量越大，相应的农产品物流量也就越大，因此需要更大规模的农产品物流业来适应这种变化。

随着人民生活水平的改善，城镇居民有着更为强烈的农产品消费欲望，从而要求农产品零售商提高经营水平，扩大经营规模，筹措更多数量的农产品供应市场。这意味着将有更多的农产品从上游的农产品生产者处经过农产品批发商，流动到农产品零售商手中，使得对于农产品物流服务的需求水平同步提高。同理，农产品加工业的发展也会加大对于农产品物流服务的需求。

"需求决定供给"，农业、农产品零售业和农产品加工业的发展放大了区域内对于农产品物流服务的需求，将吸引更多资源向农产品物流业汇集，扩大了农产品物流业的产业规模。产业规模的扩大既有可能提高，也有可能降低农产品物流业的技术效率水平。根据前文论述，技术效率可以分解为纯技术效率和规模效率的乘积。当某一区域农产品物流业发展尚处于规模效益递增阶段时，产业规模的扩大有利于规模效率的提升。如果某一区域农产品物流业发展已达到规模效益递减阶段，大量涌入的资源将出现冗余，导致规模效率水平下降，同时，更多资源进入某一区域的农产品物流业，使得使该区域农产品物流业内部竞争更加激烈。各农产品物流企业为应对激烈的竞争态势，巩固、扩大市场份额，不得不积极改进本企业的经营状况，提高对企业自身资源的利用程度。这有利于纯技术效率水平的提升。大量从业者涌入农产品物流行业，其良莠不齐的专业素质和能力有可能拉低整体的纯技术效率水平。因此，农业、农产品零售业和农产品加工业对于区域农产品物流业技术效率水平有一定影响，但影响的方向并不确定。

三、外生性环境影响因素

由上文关于区域农产品物流概念的分析可知，区域农产品物流业以一定范围地理区域为载体，以区域经济、社会发展水平为基础，其运营活动必然会受到所在区域宏观环境的影响和制约。区域宏观环境也应视为影响区域农产品物流业技术效率水平的一类因素，通常称其为外生性环境影响因素。

近年来，越来越多的学者在研究物流活动效率的同时，开始关注影响效率水平的因素。Knemeyer 和 Murphy（2004）在研究影响物流企业生产效率的因素时，发现用户对物流企业的信任程度和用户、物流企业之间的沟通效果对物流企业的生产效率有着直接影响，而信任程度又受到满意度、机会行为、企业信誉等因素的影响。Min 和 Joo（2006）研究发现物流企业的网络布局和业务范围会在一定程度上影响企业的运营效率。Zhou 等（2008）在对中国 10 家国有上市第三方物流企业进行连续五年的追踪调研时发现管理风格和企业自身战略对中国的第三方物流企业运营效率有重要影响,固定资产投资额度、销售利润水平、人力成本和员工的技术技能是影响效率的主要因素。Amer 和 Jamie(2008)以受限 DEA 模型测算了美国某第三方物流企业下属 19 家仓储中心的技术效率水平,结果显示,货物储存形态、作业通道大小和仓储中心本身规模对效率水平具有显著的影响。李兰冰和刘秉镰(2007)在评价我国对外开放机场效率水平时,利用 Tobit 模型分析了影响效率的外生性环境影响因素,发现机场的跑道长度、候机楼面积、每架次飞机完成的货邮吞吐量、区域经济发达程度、枢纽机场地位以及机场是否位于省会及计划单列市均是影响机场生产效率的重要因素。罗俊浩等(2013)将港口所在城市经济发展水平、市场规模、港口业务规模、世界金融危机对中国港口的影响作为影响我国港口技术效率水平的外生性环境因素。王琴梅和谭翠娥(2013)先使用 DEA 模型测算了西安市 2003~2010 年的物流业技术效率,再利用 Tobit 模型评价了外生性环境因素对物流业技术效率水平的影响,结果显示,经济发展水平(GDP)、区位优势、物流资源利用率和市场化程度对物流业技术效率水平有着积极的正面影响,其中物流资源利用率和市场化程度的影响程度最为显著。徐良培和李淑华(2013)提出了信息服务投入、地区发展水平、制度环境、产业结构调整、外贸依存度等影响因素。还有学者认为应将城镇化水平、人力资源状态、物流专业化程度、物流资源利用率、区位优势等视为物流效率的影响因素。

本书认为,区域外生性环境因素包括随机性和非随机性两类。具有不可抗性的干旱、洪涝、雪灾等自然环境因素属于随机性外生性环境因素。随机性外生性环境因素具有很强的不可预测性,且其研究范畴属于风险和灾害保障领域,故本书没有将随机性外生性环境因素纳入研究范围。非随机性外生性环境因素又可分为经济因素和社会因素两种,表现为经济、文化、法律等多种形式。参考已有文献和区域农产品物流业自身特点,本书将外生性环境因素设定为以下五种。

(一)区域经济发展水平

区域经济发展水平提高过程中,对物流服务的需求水平亦随之提高。在经济利益的驱使下,政府和民间经济实体必然会加大对物流业的投资力度,加强物流基础建设,建设、采购技术含量更高的物流设施、设备。同时,经济发展水平高的区域可以提供更好的薪酬待遇,将会吸引更多的物流专业技术人员和管理人员加入,提高物流人力资源的素质水平。这一切都有利于物流业的发展。农产品物流业作为物流业的分支之一,"水涨船高",其发展也会得到有力的支持。

(二)信息化水平

相较于工业品物流,由于农产品自然特性的影响,农产品物流的难度更大,需要制订更为周密的物流计划，需要大量、及时、准确的信息支持。农产品物流计划在执行过程中，运输、库存、装卸搬运、包装、配送的各个环节要求衔接紧密，相互支持，这就要求保证各环节所产生的信息能在各农产品物流主体中快速传递、准确反馈。因此区域农产品物流业是否能实现高效运作，与区域内信息化发展水平有密切关系。

（三）制度环境

制度是影响效率的核心因素，在经济增长的过程中起着至为关键的作用：合理的制度设计可以直接或间接诱导资源的优化配置，改善劳动效率，从而提高生产率水平，实现经济增长。而在所有的制度中，产权的归属即所有制制度是最为根本和重要的。肖耿（1997）指出，在市场竞争条件下，国有企业与非国有企业之间之所以出现效率上的差距，其主要原因在于国有企业资产产权结构的不明晰，从而使得国有企业无法设计有效的管理监督机制，在企业运营过程中既有的管理监督机制也难以落实。

（四）开放程度

对于技术效率而言，开放程度的影响既有可能是正向的促进作用，但也可能是反向的阻碍作用。一方面，随着开放程度的扩大，外资农产品物流企业的进入带来了"技术溢出"效应。外资农产品物流企业先进物流技术和管理机制向本土企业的转移、复制，有利于区域农产品物流业技术效率水平的提升。另一方面，外资农产品物流企业进入后，会导致生产前沿面外移，使得本土企业与生产前沿面间的距离加大，从而拉低了该区域农产品物流业的整体技术效率水平。因此，开放程度对于农产品物流业技术效率水平的影响究竟如何，有待于进一步的检验。

（五）产业结构状况

区域内产业结构状况对农产品物流业运营效率有一定影响。区域内金融企业、中介企业、信息服务企业等服务型企业虽未直接参与农产品物流具体作业活动，但对农产品物流活动却起到了重要的支持作用。金融企业、中介企业、信息服务企业等均属于第三产业。因此，一般而言，区域产业结构中第三产业越发达，越有利于农产品物流业技术效率水平的提高。

本章小结

本章首先列举了经济理论中关于效率的多种观点，并对技术效率、配置效率的几何意义作出了解释；然后回顾了现代经济理论中关于生产率的理解，特别是重点阐述了 TFP 的内涵；接下来界定了区域物流和区域农产品物流的概念；以上述研究为基础，本章最后讨论了区域农产品物流业技术效率水平影响因素问题。

本章的主要结论如下：

（1）一个决策单元（Decision Making Unit，DMU）的经济效率（Economic Efficiency，EE）可以分解为技术效率（Technical Efficiency，TE）和配置效率（Allocative Efficiency，AE）两部分。其中，技术效率是指在生产技术和市场价格不变的条件下，按照既定的要素投入比例，该 DMU 生产一定量产品过程中实现投入最小化的能力或在一定投入水平不变前提下实现产出最大化的能力。配置效率是指在一定的市场价格和现有生产技术条件下，将每种资源配置到最适合的使用方向上的能力。经济效率＝技术效率×配置效率＝纯技术效率×规模效率×配置效率。

（2）兼顾劳动、资本、自然资源等所有投入要素，产出量与全部投入要素量的比值即为全要素生产率。测算 TFP 增长率数值并将其分解，即可得到技术效率变化值，为研究我国区域农产品物流业技术效率水平的动态变化情况提供了工具。

（3）区域农产品物流业技术效率水平的影响因素包括直接影响因素、农产品供应链上下游产业影响因素和外生性环境影响因素。直接影响因素包括投入因素和产出因素两类。其中，本书选择资本、劳动力作为投入因素；选择区域农产品物流业货运周转量作为产出因素。在农产品供应链上下游产业影响因素方面，本书将农业、农产品零售业和农产品加工业作为农产品供应链上下游产业的代表。综合现有文献，根据区域农产品物流业的内涵特点，本书将外生性环境影响因素界定为区域经济发展水平、信息化水平、制度环境、开放程度和产业结构状况。

第三章　农产品物流业技术效率水平测度及其空间差异分析

根据第二章中对影响农产品物流业技术效率水平的各类影响因素的分析，导致技术效率水平变化的直接因素，包括作为投入因素的资本、劳动力和作为产出因素的区域农产品物流业货运周转量。按照这一分析结果，选择合适的技术效率测度方法和指标，即可对我国各省级行政区域农产品物流业技术效率水平进行测算，进而展开后续的空间差异分析。

第一节　农产品物流业技术效率水平测度模型

一、技术效率水平测度方法

技术效率值等于最优投入与实际投入的比值，或实际产出与最优产出的比值，反映了某一 DMU 生产活动与生产前沿面的接近程度，因此测度技术效率值之前首先需要确定生产前沿面。根据前沿生产函数测算方法的不同，确定前沿面的方法可以分为非参数方法和参数方法两种。两者的原理有较大的差异。

使用非参数方法时无须设定前沿生产函数的具体形式，无须估计函数中的各个参数，并且无须假定 DMU 在技术上是有效的。非参数方法使用数学规划的方法，在所有观测值中找出位于前沿面的有效点，组成代表技术效率水平为最优（效率值为1）的生产前沿面，从而通过计算各 DMU 与前沿面之间的距离，判断其效率状况。使用参数方法确定前沿面时，首先要假定前沿生产函数的具体形式和误差项的分布特征，再根据实际观测值，估计模型中的各个参数，并对模型本身及各个参数进行相关检验，以验证事先所作假设的合理性。然而，参数方法中对于前沿生产函数参数法的假定无法做到完全准确，甚至可能出现偏差较大的现象。此外，非参数方法则既可以适用于单产出情况，也可以适用于多产出情况。参数方法则一般用于单产出的情况下。如果使用参数方法处理多产出情况，则须使用较为复杂的方法，先将多产出转化为单产出。同时，非参数方法测算的是将每一个 DMU 的效率与最优 DMU 的效率进行比较所得的相对效率，而参数方法一般测算的是绝对效率。

在参数方法中，随机前沿分析法（SFA）是目前较为常见的一种方法。SFA 的方法最早由 Aigner 等（1977）以及 Meeusen 和 Broeck（1977）分别提出，经过 Battese 和 Coelli（1988）等学者的不断完善，使其更接近于生产发展和经济增长的实际情况，因而在许多领域得到应用。SFA 除具有需要假设函数形式和误差项分布特征、使用计量经济学方法对模型进行估计、只适用于单产出生产系统等参数方法的一般特点外，其独特之处有两点：一是方法所建立的为随机前沿模型，因而生产前沿面并不固定，前沿面随样本点的不同而不同；二是对误差进行了区分，将误差区分为管理误差（即所谓"技术无效率"，属于可控范畴）和随机误差（不可控）两部分，使测算结果更加贴近实际。

在非参数方法中，应用比较广泛的是数据包络分析法。作为一种非参数方法，DEA 方法具有许多优点。首先，DEA 方法无须预先设置输入指标和输出指标的权重，而是由模型自行计算，避免了权重设置不当可能对评价客观性的影响。其次，DEA 方法对输入指标和输出指标的量纲没有特定要求，使得计算更为简便。最后，DEA 方法不仅能提供各 DMU 提高技术效率水平时输入指标和输出指标的调整方向，还能给出调整的数量信息。DEA 方法的缺陷在于所有 DMU 共用一个前沿面，忽略了样本间的差异，而且 DEA 方法没有对误差项进行区分，将所有误差都归于技术无效率。DEA 方法的缺陷对于测算结果可能产生影响。

随机前沿分析法和数据包络分析法各有优缺点，实际应用也都十分广泛。由于我国农产品物流业涉及地域广泛，各种不确定因素众多，因此假定前沿生产函数的具体形式和误差项的分布比较困难。同时，SFA 的方法作为一种计量经济学方法，需要较大的数据样本才能保证函数估计的效果。因此本书选择数据包络方法作为测度我国农产品物流业技术效率水平的方法。

二、传统 DEA 模型的缺陷

1978 年 Charnes 等给出了第一个 DEA 模型，即基于规模报酬不变假设的 CCR 模型。随着 DEA 方法在管理科学、决策分析与评价等领域的广泛应用，DEA 方法自身的研究也进展迅速。以 CCR 模型为基础，在一系列假设条件下，各种 DEA 模型及其应用的研究成果纷纷出现。Banker 等（1984）给出基于规模报酬可变假设的 BCC 模型。Fare 和 Crosskopf（1985）给出了基于规模效益非递增的 FG 模型。Charnes 等（1989）给出了基于规模效益非递减的 ST 模型。此外，研究文献中还出现了带有权重约束的 DEA 模型、区分同为有效 DMU 有效性大小的超效率 DEA 模型、可评价具有不可控指标的 DEA 模型等多种 DEA 模型。

在目前应用 DEA 模型的文献中，CCR 模型与 BCC 模型仍是较为常见，颇具代表性的两个模型。本书首先对这两种经典 DEA 模型进行简要回顾。

（一）CCR 模型

假设共有 n 个 DMU，$DMU_j(j=1,2,\cdots,n)$；生产投入共有 m 种，$x_i(i=1,2,\cdots,m)>0$；产出共有 k 种，$y_r(r=1,2,\cdots,k)>0$，则引入非阿基米德无穷小 ε（ε 为一个小于任何正数而又大于零的数）和松弛变量的 CCR 模型如式(3-1)所示[①]。

$$\min\left[\theta - \varepsilon\left(\sum_{r=1}^{k} s_r^+ + \sum_{i=1}^{m} s_i^-\right)\right]$$

$$s.t. \begin{cases} \sum_{j=1}^{n} \lambda_j x_{ij} + s_i^- = \theta x_{ij} \\ \sum_{j=1}^{n} \lambda_j y_{rj} - s_r^+ = y_{rj} \\ \lambda_j \geq 0, j=1,2,\cdots,n; s_r^+, s_i^- \geq 0 \end{cases} \quad (3-1)$$

其中，x_{ij} 为第 j 个 DMU 的第 i 种投入的投入量；y_{rj} 为第 j 个 DMU 的第 r 种产出的产出量；s_r^+、s_i^- 为松弛变量；$\lambda = (\lambda_1,\cdots,\lambda_j,\cdots,\lambda_n)^T$ 是一个 $n \times 1$ 的权重向量。求解 CCR 模型所得的 θ 值即为 DMU 的总体技术效率值。设第 j 个 DMU 的模型最优解为 s_r^{*+}、s_i^{*-}、θ^*，CCR 模型的主要结论是：①若 $\theta^* = 1$，且 s_r^{*+}、s_i^{*-} 不全为 0，则该 DMU 为弱 DEA 总体有效，若 $s_r^{*+} \neq 0$ 而 $s_i^{*-} = 0$，说明可在保持投入不变的情况下，提高第 r 种产出的产出量；若 $s_r^{*+} = 0$ 而 $s_i^{*-} \neq 0$，说明可在保持产出不变的情况下，减少第 i 种投入的投入量。②若 $\theta^* = 1$，且 $s_r^{*+} = s_i^{*-} = 0$，则该 DMU 为 DEA 总体有效，即在现有投入基础上产出已达到最优。③若 $\theta^* < 1$，且 s_r^{*+}、s_i^{*-} 均不为 0，则该 DMU 为 DEA 总体无效，可将投入降到现有投入的 θ^* 比例而保持产出不变。④如果 $\sum \lambda_j^* = 1(j=1,2,\cdots,n)$，则 DMU 规模报酬不变；如果 $\sum \lambda_j^* > 1(j=1,2,\cdots,n)$，DMU 规模报酬递减，其值越大，则规模递减趋势越大；如果 $\sum \lambda_j^* < 1(j=1,2,\cdots,n)$，DMU 规模报酬递增，其值越小，则规模递增趋势越大。

（二）BCC 模型

CCR 模型假定 DMU 在规模报酬不变（CRS）情况下运营，即规模的大小不

---

① 此处给出的是基于投入（Input-orientated）的 CCR 模型，下文所给出的 BCC 模型也是基于投入角度的。

会对效率产生影响，企业只要增加一定比例的投入即可获得相同比例的产出增长。在现实情况中，由于市场竞争形势、经济环境、政策限制等其他因素的影响，DMU 的无效率很有可能是由于规模报酬因素造成的，而非本身生产经营活动中技术无效率所导致。规模报酬不变的假设往往难以满足。因此，Banker 等（1984）给出了在规模报酬可变（VRS）情况下的 BCC 模型，从而剔除了规模效率的影响，由此计算 BCC 模型求得的是纯技术效率值。基于投入角度的 BCC 模型如式（3-2）所示。

$$\min\left[\theta - \varepsilon\left(\sum_{r=1}^{k} s_r^+ + \sum_{i=1}^{m} s_i^-\right)\right]$$

$$\text{s.t.} \begin{cases} \sum_{j=1}^{n} \lambda_j x_{ij} + s_i^- = \theta x_{ij} \\ \sum_{j=1}^{n} \lambda_j y_{rj} - s_r^+ = y_{rj} \\ \sum_{j=1}^{n} \lambda_j = 1 \\ \lambda_j \geq 0, j = 1,2,\cdots,n; s_r^+, s_i^- \geq 0 \end{cases} \quad (3-2)$$

求解某一 DMU 的 BCC 模型，即可得到该 DMU 的纯技术效率值，结合 CCR 模型，可进一步求出该 DMU 的规模效率值：规模效率 = 技术效率/纯技术效率。设第 j 个 DMU 的最优解是 s_r^{*+}、s_i^{*-}、θ^*，BCC 模型的主要结论是：①若 $\theta^* = 1$，且 s_r^{*+}、s_i^{*-} 不全为 0，则该 DMU 为弱 DEA 纯技术有效；②若 $\theta^* = 1$，且 $s_r^{*+} = s_i^{*-} = 0$，则该 DMU 为 DEA 纯技术有效；③若 $\theta^* < 1$，则且 s_r^{*+}、s_i^{*-} 均不为 0，该 DMU 为 DEA 纯技术无效。

（三）传统 DEA 模型的缺陷

CCR 模型和 BCC 模型均为传统的 DEA 模型，采用线性分段形式的前沿面。当某段前沿面平行于 X 轴或 Y 轴时，就有可能产生要素松弛（Slacks）情况，反映在 CCR 模型和 BCC 模型的结论中即为：除了 DEA 总体有效和 DEA 纯技术有效外，还存在"弱 DEA 总体有效"和"弱 DEA 纯技术有效"两种可能。在"弱有效"状态下，s_r^{*+}、s_i^{*-} 不全为 0，某种投入出现冗余（松弛投入，Input Slacks）或某种产出有所不足（松弛产出，Output Slacks），但 CCR 模型和 BCC 模型仍认为这种状态下 DMU 是技术有效的。这就意味着丢弃一定数量的某种投入可能不会影响该 DMU 的效率，违背了经济学中对"效率"概念的一般理解。真正的"技术有效"应是既不出现无效率又不存在要素的松弛。"弱有效"状态 DMU 的效率水平由此很有可能被过高估计。因此，CCR 模型和 BCC 模型由于没有充分考虑要素松弛的影响，因此有可能造成效率测量的较大偏差。

为了更好说明这个问题，本书在规模报酬不变假设下，以基于投入角度的两种投入和一种产出情形为例，使用图 3-1 来说明。图中 SS′ 为生产前沿面，前沿面上所有点均为技术效率有效点。前沿面中 SB 段、CS′ 段分别平行于竖轴和横轴。A 点、D 均不在生产前沿面上，因此处于无效率状态。当 A 点、D 点分别移动到位于生产前沿面上的 A′、D′ 点时，按照第二章中关于传统 DEA 模型技术效率的几何解释，此时两点各自代表的 DMU 技术效率值为 1。然而，当 A′ 点沿生产前沿面 SS′ 移动至技术效率值同样为 1 的 B 点时，投入要素 X_2 的投入量在减少，减少幅度为 A′B，而 A′ 点和 B 点的产出 Y 却是相同的。因此 A′B 即为投入要素 X_2 上的松弛投入；同理可知 CD′ 代表了投入要素 X_1 上的松弛投入，由此可以判断 A′ 点和 D′ 点处于"弱有效"状态。但在经典经济学中，完全的有效率应是既不存在无效率，又不存在要素的松弛，所以图中 B 点和 C 点才是真正的生产技术效率有效点。在投入、产出要素种类更多的情况下，出现松弛投入的可能性更大，出现松弛产出的可能性也会更大，将会有更多类似的"弱有效"状态点出现。CCR 模型和 BCC 模型赋予 A′ 点所代表的 DMU 和 B 点所代表的 DMU 同样的技术效率值 1，无疑是有一定偏误的。

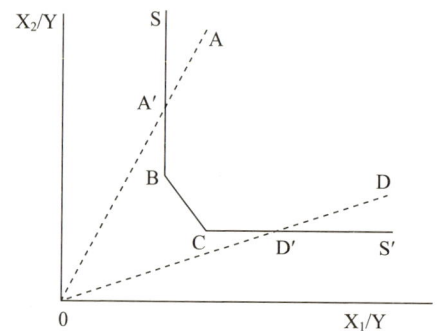

图 3-1 传统 DEA 模型效率测量与投入松弛

三、SBM 模型

鉴于 CCR 模型和 BCC 存在"弱有效"的缺陷，本书拟采用非径向、非角度①的 SBM 模型来测度我国各省级行政区域农产品物流业的技术效率水平。

Tony（2001）提出的 SBM 模型将松弛变量直接放进目标函数，效率值的计

---

① 径向（Radial）指从原点出发的射线；角度（Oriented）包括投入角度和产出角度。SBM 模型的非径向、非角度含义是：SBM 模型在目标约束中考虑投入和产出的松弛，解决了传统 DEA 径向缩减的缺陷，并且 SBM 模型能同时从投入和产出角度改进决策单元的投入和产出数量。

算中考虑了松弛投入和松弛产出因素的影响，较好地弥补了传统 CCR 模型、BCC 模型存在的缺陷。

设有 n 个 DMU，每个 DMU 有 m 种投入，k 种产出。X 为投入向量，$X = (x_{ij}) \in R^{m \times n}$；Y 为投入向量，$Y = (y_{ij}) \in R^{k \times n}$，$x_{ij}$，$y_{ij} > 0$。生产可能性集合如式（3-3）所示。

$$P = \{(x, y) \mid x \geq X\lambda, y \leq Y\lambda, \lambda \geq 0\} \quad (3-3)$$

设 (x_0, y_0) 为第 j_0 个 DMU 的投入产出数据，如式（3-4）所示。

$$x_0 = X\lambda + s^-; y_0 = Y\lambda - s^+ \quad (3-4)$$

其中，s^-、s^+ 分别代表投入过剩和产出不足，即前文所提到的松弛（slacks），s^-、$s^+ \geq 0$，$\lambda \geq 0$。规模报酬不变情况下的 SBM 模型形式如下：

$$\min \rho = \frac{1 - \frac{1}{m}\sum_{i=1}^{m} s_i^- / x_{i0}}{1 - \frac{1}{k}\sum_{r=1}^{k} s_r^+ / y_{r0}}$$

$$s.t. \begin{cases} x_0 = X\lambda + s^- \\ y_0 = Y\lambda - s^+ \\ \lambda \geq 0, s^+ \geq 0, s^- \geq 0 \end{cases} \quad (3-5)$$

其中，ρ 为模型评价出的效率值，s_r^+ 为松弛产出 s^+ 的元素，s_i^- 为松弛投入 s^- 的元素。SBM 模型的特点在于：①ρ 值不受投入和产出数据度量单位的影响；②ρ 值具有较好的单调性，其大小随松弛投入和产出的增加而递减；③ρ 值的大小介于 0 和 1 之间，可以等于 1；④当松弛投入和产出均为 0 时，$\rho = 1$，即认为该 DMU 为 SBM 有效。因此，SBM 模型不存在传统 DEA 模型中可能出现的"弱有效"问题。Tony（2002）还证明了使用 SBM 模型计算出的效率值小于传统 CCR、BCC 模型计算所得效率，SBM 有效当且仅当 CCR 有效。这都说明 SBM 模型对效率的测量和 DMU 是否为有效率的认定更为严格。

式（3-5）是一个分式规划，难以求解，因此通过 Charnes - Cooper 转化，将分子分母同时乘以一个大于 0 的标量 t，并调整 t 值使分母为 1，再将其放入约束条件中，得到转化后的规划，如式 3-6 所示。

$$\min \tau = t - \frac{1}{m}\sum_{i=1}^{m} t s_i^- / x_{i0}$$

$$s.t. \begin{cases} 1 = t + \frac{1}{k}\sum_{r=1}^{k} t s_r^+ / y_{r0} \\ x_0 = X\lambda + s^- \\ y_0 = Y\lambda - s^+ \\ \lambda \geq 0, s^+ \geq 0, s^- \geq 0 \end{cases} \quad (3-6)$$

令 $S^- = ts^-$，$S^+ = ts^+$，$\Lambda = t\lambda$，代入式（3-6）可得：

$$\min \tau = t - \frac{1}{m}\sum_{i=1}^{m} S_i^-/x_{i0}$$

$$\text{s.t.} \begin{cases} 1 = t + \frac{1}{k}\sum_{r=1}^{k} S_r^+/y_{r0} \\ tx_0 = X\Lambda + s^- \\ ty_0 = Y\Lambda - s^+ \\ \Lambda \geq 0, t \geq 0, S^+ \geq 0, S^- \geq 0 \end{cases} \quad (3-7)$$

在式（3-7）中加入约束条件 $\sum \lambda_j^* = 1(j = 1,2,\cdots,n)$，则可得到规模报酬可变情况下的 SBM 模型形式如下：

$$\min \tau = t - \frac{1}{m}\sum_{i=1}^{m} S_i^-/x_{i0}$$

$$\text{s.t.} \begin{cases} 1 = t + \frac{1}{k}\sum_{r=1}^{k} S_r^+/y_{r0} \\ tx_0 = X\Lambda + s^- \\ ty_0 = Y\Lambda - s^+ \\ \Lambda \geq 0, t \geq 0, S^+ \geq 0, S^- \geq 0 \\ \sum_{j=1}^{n} \lambda_j = 1 \end{cases} \quad (3-8)$$

第二节　变量、数据与样本

一、变量选择与处理

（一）投入变量

在第二章讨论影响区域农产品物流业技术效率水平直接影响因素时，本书以资本、劳动力作为代表区域农产品物流业投入的具体因素。这也符合大多数物流技术效率研究文献的一般做法。

在研究的过程中，本书遇到的一个问题是现有各种统计资料中几乎没有关于农产品物流业的分类或科目。因此，直接获取区域农产品物流业资本和劳动投入方面的数据十分困难。鉴于这一现实，本书尝试通过间接的方式来达到获取数据的目的：首先通过统计资料获得关于区域物流业资本和劳动投入方面的数据；再以区域内农产品周转量占全社会客货运周转量的比例作为区域物流业中农产品物流业所占比重,乘以该区域物流业资本和劳动投入数据,得到区域农产品物流业资本和劳动投入数据。

1. 资本

部分物流技术效率研究文献将当年物流业固定资产投资额视为当年物流业资本投入。这种做法忽略了前期资本作用的延续性。每一年的资本投入不仅影响到当年物流业的运营,其影响作用还会延续若干年,直至完全折旧为零。因此,选择区域物流业资本存量作为资本投入指标才是正确的做法。本书采用目前核算资本存量常用的"永续盘存法"来核算我国各省级行政区域在研究时期内各年的物流业资本存量。永续盘存法的公式如式(3-9)所示。

$$K_{it} = K_{it-1}(1 - \delta_{it}) + I_{it} \tag{3-9}$$

其中,K_{it}和K_{it}分别代表省级行政区域i在时期t和时期t+1的区域农产品物流业资本存量;δ为折旧率;I_{it}为省级行政区域i在时期t的当年区域农产品物流业资本投入。

计算当年资本投入I_{it}的方法基本可以分为三类。以张军扩(1991)、贺菊煌(1992)、Chow(1993)等学者研究成果为代表的第一种方法通过"积累"的方式来计算当年资本投入I_{it}。张军扩(1991)认为当年全社会固定资产投资的26%在当年转化为资本,26%在第2年转化为资本,20%在第3年转化为资本,12%在第4年转化为资本,9%在第5年转化为资本,7%在第6年转化为资本。贺菊煌(1992)则将生产性积累作为当年资本投入。第二种方法是以当年固定资本形成总额作为当年资本投入,如王小鲁和樊纲(2000)等。第三种方法是采用全社会固定资产投资额作为资本投入。第一种方法在全社会固定资产投资额的基础上作一定程度的扣除,扣除比例受到主观因素的影响。固定资本形成总额是衡量固定资本流动的流量指标,可代表当年新增的固定资本存量,但各类统计资料中只有不分行业的固定资本形成总额数据,无法获得物流业的详细数据。因此,本书拟采用第三种方法,以物流业当年全社会固定资产投资额作为物流业当年资本投入。需要说明的是,由于统计资料中没有物流业的直接数据,本书以交通运输、仓储和邮政业的全社会固定资产投资额作为物流业全社会固定资产投资额的替代。

《中国统计年鉴》及其他统计资料中公布的交通运输、仓储和邮政业的全社会固定资产投资额基本都是以当年价格计算的。由于价格水平变动的影响,各年的固定资产投资额无法进行直接比较,为此在使用永续盘存法时需要按照一定的价格指数将其折算成按不变价格计算的实际投资额。发布于《中国统计年鉴》的固定资产投资价格指数反映了固定资产投资品及项目在一定时期内的价格变化趋势和幅度，消除按现行价格计算带来的影响，从理论上来说是反映固定资产投资真实规模、速度，折算实际投资额的最好指标。鉴于统计资料中只有历年全国及各省级行政区域的固定资产投资价格指数，并没有按行业进一步细分，本书只能以历年各省级行政区域的固定资产投资价格指数来替代区域物流业固定资产投资价格指数。然而，《中国统计年鉴》中只有1991年及以后年份的这一指标数据，《中国固定资产投资年鉴》等其他统计资料上也没有类似数据。由于本书在研究过程中以1981年为基年，因此需要解决1991年之前固定资产投资价格指数的计算问题。针对这一缺失问题，不同的学者有不同的应对方法。Chow（1993）通过国民经济核算方法避开了投资平减问题。李治国和唐国兴（2003）指出Chow的估算结果夸大了资本存量。宋海岩和刘淄楠（2003）用全国建筑材料价格指数来代替固定资产投资价格指数。张军和章元（2003）采用回归的方法，以上海的固定资产投资价格指数来推算全国的固定资产价格指数，但上海的固定资产投资价格指数高于全国平均水平，可能导致资本存量高估。张军等（2004）使用《中国国内生产总值核算历史资料（1952~1995）》发布的各年固定资本形成总额（当年价格），以1952年为1的固定资本形成总额指数和以上一年为1的固定资本形成总额指数，计算出我国各省级行政区域历年的投资隐含平减指数，计算所得的1991~1995年各省级行政区域投资隐含平减指数与《中国统计年鉴》公布的固定资产投资价格指数基本一致，因此投资隐含平减指数可以视为固定资产投资价格指数较好的替代。本书采用张军的方法估算1982~1991年各年的固定资产投资价格指数，计算方法如式（3-10）所示；1991年之后则使用《中国统计年鉴》发布的固定资产投资价格指数。

$$某一年的固定资本形成总额(上一年=1) = \frac{\frac{当年固定资本形成总额(当年价格)}{当年投资隐含平减指数(上一年=1)}}{上一年的固定资本形成总额(当年价格)}$$

$$某一年的固定资本形成总额(1952年=1) = \frac{\frac{当年固定资本形成总额(当年价格)}{当年投资隐含平减指数(1952年=1)}}{1952年的固定资本形成总额(当年价格)}$$

(3-10)

在使用永续盘存法时，基年资本存量是一个重要的指标。张军等（2004）指出，在永续盘存法的意义下，如果基年的选择越早，那么基年资本存量估计的误差对后续年份的影响就会越小。为保证数据的准确性，虽然本书的研究时期是2000~2015年，但仍然将基年设置为1981年。1981年与2000年之间19年的间隔足以将误差的影响降到最低。在估计基年资本存量时，学者们使用的方法有较大差异。一类方法是使用资本产出比，用下一年的国民收入除以资本产出比，得到基年资本存量数值；另一类方法是以基年固定资本形成额除以某一固定比例，所得结果即视为基年的资本存量。Hall 和 Jones(1999)先计算出 1960~1970 年各国固定资产投资额的几何平均增长率,然后用 1960 年的固定资产投资额除以几何平均增长率与折旧率之和,求得基年 1960 年的资本存量。这种方法是许多国际研究中通用的方法。本书也使用这一方法,用 1981 年物流业全社会固定资产投资额除以 1981~2015 年物流业全社会固定资产投资额①的几何平均增长率与折旧率之和,计算出基年 1981 年各省级行政区域物流业资本存量。

对于式(3-9)中折旧率 δ 的计算问题,本书参考张军等(2004)的方法,在资本品的相对效率按照几何方式递减的假定下,采用代表几何效率递减的余额折旧法。

$$d_\tau = (1-\delta)^\tau, \tau = 0, 1, \cdots, n \qquad (3-11)$$

其中,d_τ 为资本品的相对效率,即旧资本品相对于新资本品的边际生产效率;δ 为折旧率(重置率,此时二者是相等的);τ 为时期。在相对效率几何递减模式下,折旧率在各年的分布是不变的。黄永峰等(2002)的研究结果显示,可以使用法定残值率来替代资本品的相对效率。根据这一结论,因此本书将法定残值率定为 4%②。全社会固定资产投资可分为建筑安装工程投资、设备工器具投资和其他费用三个部分。各部分固定资产使用寿命有明显差异,分别代入式(3-11)所得结果也有较大差异。鉴于此,本书拟采用分别计算三者各自折旧率再加权求和的方法,但《中国统计年鉴》及其他相关统计资料中并未给出物流业固定投资中建筑安装工程投资、设备工器具投资和其他费用三部分的详细数据。本书只能计算出不分行业的固定资产折旧率来替代物流业固定资产折旧率。参考现有相关文献,本书将建筑安装工程投资、设备工器具投资和其他费用三种固定资产使用寿命分别定为 40 年、16 年、25 年,计算出各自折旧率。然后,本书从《中国固定资产投资年鉴》收集了历年我国各省级行政区域建筑安装工程投资、设备工器具投资和其他费用三部分的投资数额,以求得某一年三个部分各自占投资总额的比例,再取历年各部分所占比例的几何平均值作为三部分各自权重。最后,计算建筑安装工程投资、设备工器具投资和其他费用三部分折旧率加权和,从而得到我国各省级行政区域不分行业的固定资产折旧率,以此作为物流业固定资产折旧率的替代。

按照上述计算方法,可以求出各省级行政区域历年区域物流业资本投入数据,再乘以区域内农产品周转量占全社会客货运周转量的比例,得到区域农产品物流业资本数据。

---

① 各省级行政区域历年固定资产投资额已按固定资产投资价格指数进行平减,转化为按基年 1981 年不变价格计算。

② 法定残值率的取值范围为 3%~5%,本书取其中间值。

2. 劳动力

现有相关文献中通常使用物流业从业人数来代表物流劳动力的投入。限于统计资料的可得性，考虑到交通运输、仓储和邮政业是物流业的主体部分，现有相关文献在获取具体数据时一般使用交通运输、仓储和邮政业的从业人数来替代物流业从业人数，本书也采用这一方法。

在获得劳动力投入方面的数据后，如本小节开头所述，再乘以区域内农产品周转量占全社会客货运周转量的比例，所得即为区域农产品劳动力投入数据。

（二）产出变量

在第二章的讨论中，本书将代表区域农产品物流业产出的具体因素界定为区域农产品物流业货运周转量，具体指标为区域农产品周转量。区域农产品周转量以亿吨公里为计量单位，不受价格波动因素的影响，可同时代表货运量与货运距离，是比较理想的产出变量。货运周转量作为产出变量的做法也为众多学者所采用。然而，有的学者在计算农产品货运量时将某区域当年的农产品产量直接作为农产品货运量的做法是值得商榷的，因为有一部分农产品农民自行消费，并未进入流通领域。因此本书在计算农产品货运量时，首先统计区域内农民人均农产品出售量，①再乘以区域内农业人口数量，从而算出农产品的货运量。由于统计资料中无法获得农产品的平均运输距离，本书使用货物的一般运输距离予以替代，最终农产品周转量等于农产品货运量与货物一般运输距离的乘积。

二、数据来源

本书研究过程中所使用的数据主要来自 2000~2015 年的《中国统计年鉴》《中国固定资产投资年鉴》等官方发布的统计资料，以确保数据的真实性和准确性。选择 2000~2015 年作为研究期，是因为步入 21 世纪以来我国农产品物流业才逐步走上正轨，具备现代物流业的特征。此外，2000 年以来，统计资料相对更为完整，有利于后续的深入分析。

三、研究样本

本书研究样本包括中国内地的各省级行政区域。由于研究资本存量的需要，数据需要上溯至 1981 年，而西藏自治区和海南省相关数据严重缺乏，因此本书没有将其列入研究范围。重庆市 1997 年才升级为直辖市，而在计算资本投入时需要使用 1997 年之前的数据，因此本书没有将重庆市单列出来，而是选择与四川省一起合并计算。因此，本书的研究对象为我国内地的 28 个省级行政区域。

---

① 农产品种类繁多，本书只选取了常见的农产品种类，包括粮食、棉花、油料、烟叶、蔬菜、水果、猪牛羊肉、家禽、蛋类、牛羊奶和水产品。

同时，为了便于比较，按照一般的划分方法，本书将28个省级行政区域划分为东部、中部、西部三大地区。东部地区包括北京、天津、河北、辽宁、上海、江苏、浙江、福建、山东、广东；中部地区包括山西、吉林、黑龙江、安徽、江西、河南、湖北、湖南；西部地区包括四川、宁夏、内蒙古、新疆、甘肃、贵州、陕西、青海、云南、广西。

第三节 农产品物流业技术效率水平测度及其空间差异实证分析

一、农产品物流业技术效率水平测度

（一）基于非径向、非角度SBM模型技术效率值测算

在规模报酬不变情况下，使用非径向、非角度的SBM – CRS模型，借助MaxDEA Ultra 6.8 软件，本书分别测算了2000~2015年我国内地的28个省级行政区域农产品物流业的技术效率值，如附表1所示。①

观察附表1中的数据，可以看出：

（1）2000~2015年，28个省级行政区域的农产品物流业技术效率值均十分低下，一直处于无效率的状态，只有个别区域例外。

（2）从具体效率值来看，2000~2008年全国范围内农产品物流业技术效率平均值的最小值为0.124（2005年），最大值为0.211（2000年）；2008~2015年平均值的最小值为0.27（2009年），最大值为0.393（2012年）。与之对应，2000~2008年东部地区技术效率平均值的最小值为0.217（2004年），最大值为0.32（2000年）；2008~2015年平均值的最小值为0.348（2013年），最大值为0.48（2012年）。2000~2008年中部地区技术效率平均值的最小值为0.077（2005年），最大值为0.164（2000年）；2008~2015年平均值的最小值为0.248（2009年），最大值为0.395（2015年）。2000~2008年西部地区技术效率平均值的最小值为0.067（2005年），最大值为0.138（2000年）；2008~2015年平均值的最小值为0.206（2009年），最大值为0.304（2012年）。从东部、中部到西

---

① 2008年及以后中国国家统计局关于公路和水路运输的统计口径发生了变化，附表1中2008（1）列所示效率值系由原口径统计数据计算所得，其后各年效率值均由新口径统计数据计算所得。由于统计口径不同，2008年之前和之后各年的效率值不能直接比较。后续表中也做了同样处理。

部，我国农产品物流业技术效率水平呈递减状态，符合我国内地经济发展的整体格局。各地区较低的效率值，一方面说明我国农产品物流业技术效率水平的低下；另一方面说明农产品物流业技术效率水平还有较大的上行空间。

（3）根据附表1的数据可绘制出反映两个阶段全国及三大地区农产品物流业技术效率平均值变化时间趋势，如图3-2所示。从图3-2来看，2000~2004年，全国及三大地区技术效率水平整体呈现小幅下降趋势，在2004年达到谷底后，2005年开始出现小幅回升，中间虽有反复，但2005~2015年，全国及三大地区技术效率水平整体呈现上升趋势。这说明由于近年来各级政府越来越重视农产品物流业的发展，出台了一系列扶持政策；同时各地农产品物流业适应市场需要也在不断向更高层次发展，农产品物流业技术效率水平因此有了一定程度的改善和提高。

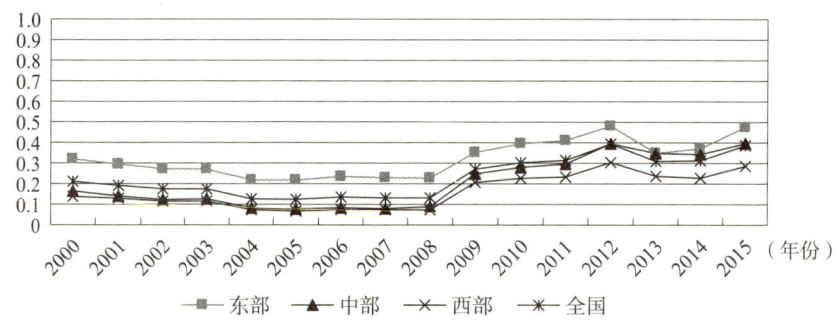

图3-2　2000~2015年全国及三大地区农产品物流业技术效率平均值

（4）三大地区农产品物流业技术效率水平由东至西逐步递减的状态说明经济发展水平对于效率值有着一定的正面影响。但是，从附表1中可以发现，无论是某一年份的技术效率值还是历年平均值，某些经济发达区域农产品物流业技术效率水平并不如预期的高，如北京、江苏、浙江、福建、广东等。以广东为例，其在两个阶段农产品物流业技术效率历年平均值分别为0.19和0.16，远低于同期东部技术效率平均值的历年平均值0.32和0.37的水平。经济发展水平远不如广东的广西，其两项数据则分别为0.22和0.33。这说明更高的区域经济发展水平并不一定意味着更高的农产品物流业技术效率水平，还有许多其他因素在其中发挥着影响。

（5）河北、山东、吉林、黑龙江、江苏、浙江、安徽、江西、河南、湖南、湖北、四川这12个省份是我国传统的农业生产大省，但在农产品物流业技术效率方面表现却有较大差异。例如，在2000~2008年，将东部的河北、山东两省

第三章 农产品物流业技术效率水平测度及其空间差异分析

历年的技术效率取平均值分别为 0.195 和 0.212，高于同期全国范围内 0.155 的平均水平；而江苏 0.074 的平均值却远低于全国的平均水平。数据的对比说明农业生产大省并不一定是农产品物流业技术效率的"强省"，也意味着影响技术效率水平的因素是复杂而多元化的，应进一步深入探寻。

（二）基于非径向、非角度 SBM 模型纯技术效率值、规模效率值测算

在第二章中，本书指出技术效率等于纯技术效率与规模效率的乘积。纯技术效率代表了该 DMU 利用现有技术和资源，发挥其效用的管理能力。当纯技术效率值为 1 时，说明技术和资源已得到充分利用，取得了最大产出或已将投入减少到最小水平。规模效率衡量了该 DMU 的规模有效性。当规模效率值为 1 时，说明该 DMU 已达到投入的理想规模，增加一定比例的投入可获得同样比例的产出增长；当规模效益递增（规模效率值小于 1）时，说明此时规模偏小，如成倍增加投入，产出会以更高的倍数增加，应加大投入规模，带动规模效率值向 1 靠近；当规模效益递减（规模效率值小于 1）时，说明此时规模偏大，如成倍增加投入，产出会以低于投入的倍数增加，应减少投入规模，从而带动规模效率值向 1 靠近。

1. 纯技术效率分析

在规模报酬可变（VRS）情况下，使用非径向、非角度的 SBM – CRS 模型，借助 MaxDEA Ultra 6.8 软件，本书分别测算了 2000～2015 年我国内地的 28 个省级行政区域农产品物流业的纯技术效率值，如附表 2 所示。

（1）2000～2015 年，与技术效率水平相类似，28 个省级行政区域的农产品物流业纯技术效率整体水平较低，大部分区域处于纯技术效率的无效状态，只有个别区域例外（天津在 2000～2008 年均处于有效状态；安徽在 2008～2015 年的大多数年份内均处于有效状态）。

（2）从具体效率值来看，2000～2008 年全国范围内农产品物流业纯技术效率平均值的最小值为 0.191（2004 年），最大值为 0.33（2000 年）；2008～2015 年平均值的最小值为 0.386（2009 年），最大值为 0.479（2012 年）。与之对应，2000～2008 年东部地区纯技术效率平均值的最小值为 0.305（2004 年），最大值为 0.517（2000 年）；2008～2015 年平均值的最小值为 0.492（2013 年），最大值为 0.613（2012 年）。2000～2008 年中部地区纯技术效率平均值的最小值为 0.082（2004 年），最大值为 0.228（2000 年）；2008～2015 年平均值的最小值为 0.362（2009 年），最大值为 0.471（2012 年）。2000～2008 年西部地区纯技术效率平均值的最小值为 0.073（2005 年），最大值为 0.224（2000 年）；2008～2015 年平均值的最小值为 0.288（2009 年），最大值为 0.382（2008 年）。从数据来看，在研究期内东部地区的纯技术效率水平均明显高于中部和西部地区，而 2008

年之前中部和西部地区农产品物流业纯技术效率水平比较接近,部分年份西部地区纯技术效率水平高于中部,2008年之后中部农产品物流业纯技术效率水平才实现对西部的超越。

(3)根据附表2的数据可绘制出反映2000~2015年全国及三大地区农产品物流业纯技术效率平均值变化时间趋势,如图3-3所示。观察图3-3可以看出,全国和三大地区农产品物流业纯技术效率水平的变化趋势与技术效率水平的变化趋势较为相似。在2000~2004年,受到农产品物流市场巨大市场空间的吸引,大批国内企业纷纷涌入,然而其相对较为粗放的农产品物流运作方式拉低了农产品物流业的整体纯技术效率水平。因此,这段时期全国及三大地区农产品物流业纯技术效率水平基本处于下滑态势。2005~2015年,受到2003年以后效率水平相对更高的外资农产品物流企业被允许进入中国市场,2006年物流业首次被单列在中国"十一五"发展规划等一系列利好政策出台的影响,中国农产品物流业进入了快速发展期,全国及三大地区的纯技术效率水平均呈现上升趋势。

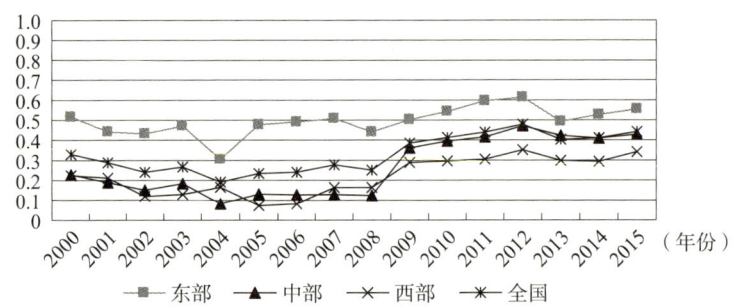

图3-3　2000~2015年全国及三大地区农产品物流业纯技术效率平均值

2. 规模效率分析

技术效率等于纯技术效率与规模效率的乘积,因此可以根据已经计算出的技术效率值和纯技术效率值,推算出相应的规模效率值,如附表3所示。根据附表3的数据,可以绘制出反映2000~2015年全国及三大地区农产品物流业规模效率平均值变化时间趋势的图3-4。

(1)2000~2015年,全国及三大地区农产品物流业规模效率平均值的轨迹曲线总体比较平缓,后期表现出一定的上升趋势。全国农产品物流业规模效率平均值基本都维持在0.8之上。西部地区规模效率平均值则基本保持在0.9以上。东部和中部地区规模效率水平低于西部地区,特别是东部地区在研究期内大部分年份都在0.8以下。此外,在研究期内的最后几年,三大地区之间规模效率水平已非常接近。

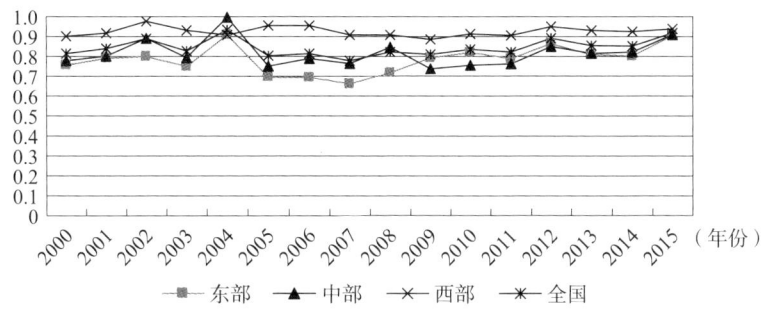

图 3-4　2000～2015 年全国及三大地区农产品物流业规模效率平均值

（2）规模效率水平的高低对于技术效率水平的影响相对较低。全国及三大地区纯技术效率水平的变化趋势与技术效率水平的变化趋势极为相似，且全国及三大地区的纯技术效率水平远低于规模效率，因此我国农产品物流业技术效率水平的偏低主要是由于纯技术效率水平的低下造成的。

（3）在测算出各省级行政区域农产品物流业的规模效率值后，本书进一步分析各区域农产品物流业的规模报酬状况。由于篇幅所限，本书仅给出 2000 年和 2015 年各省级行政区域的规模报酬状况，如表 3-1 所示。

由表 3-1 所显示的数据，本书分别统计全国及三大地区中农产品物流业处于不同规模报酬状况的区域个数，如表 3-2 所示。

表 3-1　各省级区域农产品物流业规模报酬状况

地区	2000 年		2015 年	
	省份	规模报酬	省份	规模报酬
东部	北京	规模报酬递增	北京	规模报酬不变
	天津	规模报酬不变	天津	规模报酬递增
	河北	规模报酬递减	河北	规模报酬递减
	辽宁	规模报酬递减	辽宁	规模报酬递减
	上海	规模报酬递增	上海	规模报酬不变
	江苏	规模报酬不变	江苏	规模报酬不变
	浙江	规模报酬不变	浙江	规模报酬递增
	福建	规模报酬不变	福建	规模报酬递增
	山东	规模报酬递减	山东	规模报酬递减
	广东	规模报酬递减	广东	规模报酬递减

续表

地区	2000年		2015年	
	省份	规模报酬	省份	规模报酬
中部	山西	规模报酬不变	山西	规模报酬递增
	吉林	规模报酬不变	吉林	规模报酬递减
	黑龙江	规模报酬递减	黑龙江	规模报酬递减
	安徽	规模报酬递减	安徽	规模报酬不变
	江西	规模报酬不变	江西	规模报酬递增
	河南	规模报酬递减	河南	规模报酬递减
	湖北	规模报酬递减	湖北	规模报酬不变
	湖南	规模报酬递增	湖南	规模报酬递减
西部	内蒙古	规模报酬不变	内蒙古	规模报酬递增
	广西	规模报酬不变	广西	规模报酬递增
	四川	规模报酬不变	四川	规模报酬不变
	贵州	规模报酬递减	贵州	规模报酬递增
	云南	规模报酬递增	云南	规模报酬递增
	陕西	规模报酬不变	陕西	规模报酬递减
	甘肃	规模报酬不变	甘肃	规模报酬递增
	宁夏	规模报酬递增	宁夏	规模报酬递增
	青海	规模报酬不变	青海	规模报酬递增
	新疆	规模报酬不变	新疆	规模报酬不变

表3-2　全国及三大地区不同规模报酬状况区域个数

区域	2000年			2015年		
	规模报酬不变区域	规模报酬递增区域	规模报酬递减区域	规模报酬不变区域	规模报酬递增区域	规模报酬递减区域
东部地区	4	2	4	3	3	4
中部地区	3	1	4	2	2	4
西部地区	7	2	1	2	7	1
全国	14	5	9	7	12	9

由表3-2可知，2000年和2015年相比，全国及三大地区内规模报酬递减区域个数不变；规模报酬递增区域个数大幅度增加，规模报酬递减区域个数保持不变。至2015年，全国及三大地区内规模报酬不变及规模报酬递减区域个数所占

比例分别为：全国范围内为 57.2%（2000 年比例为 82.1%），东部地区为 70%（80%），中部地区为 75%（87.5%），西部地区为 30%（80%）。对于东部地区和中部地区而言，规模报酬递增区域略有增加，因此研究前期资源过度涌入农产品物流市场造成规模效率起伏不定的影响有所减弱，因此到了研究后期规模效率水平表现出一定的上升趋势。然而，东部地区和中部地区大部分省份农产品物流业发展规模已到达临界点，不适合再盲目扩大农产品物流业规模，继续"粗放型"的发展模式，而应该在控制现有规模的基础上，倡导"集约式"发展，加强自身管理，提升对现有技术和资源的利用程度。西部地区农产品物流业起步晚，同时许多西部省份将发展特色农业作为推动本省经济发展的主要方式之一，在研究后期大部分省份都处于规模报酬递增阶段，说明在未来一段时间扩大农产品物流业规模仍不失为提高规模效率，刺激技术效率水平上升的有效手段，但应吸取其他地区农产品物流业发展的前车之鉴，坚持规模效率和纯技术效率并举的发展原则。

（4）河北、江苏、浙江、山东、吉林、黑龙江、安徽、江西、河南、湖南、湖北、四川这些传统农业生产大省，每年生产大量的各类农产品，供应本省和全国市场，农产品物流需求较为旺盛。因此，近几年在这些区域农产品物流中心、物流园区建设方兴未艾，但必须看到的是以上区域中只有江西、浙江仍处于规模报酬递增状态外，其余区域已全部处于规模报酬不变和递减阶段。对于这些农业生产大省而言，农产品物流业发展面临的问题已不是如何"做大"，而应积极思考如何实现"做强"了。

二、农产品物流业技术效率水平空间差异分析

根据上文分析的结果可以看出，不同地区之间农产品技术效率存在较大的差异，同一地区内的各省级行政区域之间农产品物流业技术效率水平也不尽相同。虽然从技术效率数据和反映技术效率值时间变化趋势的折线图，可以对我国农产品物流技术效率水平的区域差异有直观的感受和初步的判断，但仍不足以准确掌握差异的量化程度，同时不同技术效率水平区域的空间分布情况仍不得而知。本书在这一小节将使用 Theil 指数和空间自相关分析的方法来进行空间差异分析，以探寻上述问题的答案。

（一）技术效率 Theil 指数分析

目前研究效率差异的相关文献较为少见。陆远权和张德钢（2012）在研究我国区域金融效率差异时，引入了区域经济发展水平差异研究中常用的 Theil 指数，并将其分为两种——L 指数（T_0）和 T 指数（T_1）。参照其研究成果，本书用以测量我国农产品物流业技术效率区域差异的计算公式分别如式（3 - 12）、

式 (3-13) 所示。

$$T_0 = \frac{1}{n} \sum_{i=1}^{n} \ln \frac{u}{z_i} \tag{3-12}$$

$$T_1 = \frac{1}{n} \sum_{i=1}^{n} \frac{z_i}{u} \ln \frac{z_i}{u} \tag{3-13}$$

其中，n 为样本数，n=28；z_i 为各省级行政区域农产品物流业技术效率值；u 为全国农产品物流业技术效率的平均值。使用 L 指数（T_0）和 T 指数（T_1）均可测算出我国 28 个省级行政区域农产品物流业技术效率水平的整体差异水平，区别在于 L 指数（T_0）对低效率的测量较为敏感，而 T 指数（T_1）对高效率的测量较为敏感。鉴于我国各省级行政区域农产品物流业技术效率水平偏低的实际情况，本书选择 L 指数（T_0）作为测量农产品物流业技术效率水平差异性的工具。L 指数（T_0）的数值越大，说明差异越大，反之亦然。

Theil 指数之所以在测量差异性的研究中得到广泛应用，是因为其具有良好的可分解性：Theil 指数可以将整体差异分解为组内差异和组间差异两部分。按照上文的划分方法，将我国内地的 28 个省级行政区域划分为东部地区、中部地区、西部地区三组后，即可使用 L 指数（T_0）测算三大地区内部差异和地区间差异，以及各自对 28 个省级行政区域整体差异的影响。分解后的 L 指数（T_0）公式如下列各式所示。

$$T_{0E} = \frac{1}{n_1} \sum_{i=1}^{n_1} \ln \frac{u_E}{z_i}$$

$$T_{0M} = \frac{1}{n_2} \sum_{i=1}^{n_2} \ln \frac{u_M}{z_i}$$

$$T_{0W} = \frac{1}{n_3} \sum_{i=1}^{n_3} \ln \frac{u_W}{z_i} \tag{3-14}$$

$$T_{0w} = \frac{n_1}{n} T_{0E} + \frac{n_2}{n} T_{0M} + \frac{n_3}{n} T_{0W} \tag{3-15}$$

$$T_{0b} = \frac{n_1}{n} \ln \frac{u}{u_E} + \frac{n_2}{n} \ln \frac{u}{u_M} + \frac{n_3}{n} \ln \frac{u}{u_W} \tag{3-16}$$

其中，T_{0E}、T_{0M}、T_{0W} 分别为东部地区、中部地区、西部地区农产品物流业技术效率水平地区内差异水平的 L 指数（T_0）；n_1、n_2、n_3 分别为三大地区内所含省级行政区域个数，$n_1=10$，$n_2=8$，$n_3=10$；u_E、u_M、u_W 分别为三大地区农产品物流业技术效率的平均值；T_{0w} 为地区内差异的加权和，T_{0b} 为地区间差异，二者之和即为整体差异指数值 T_0。

根据以上公式，分别计算出 2000～2015 年我国内地的 28 个省级行政区域农产品物流技术效率水平整体差异、各地区内部差异和地区间差异的相应指数值，并绘制出反映各类差异水平变化时间趋势，如图3-5所示。

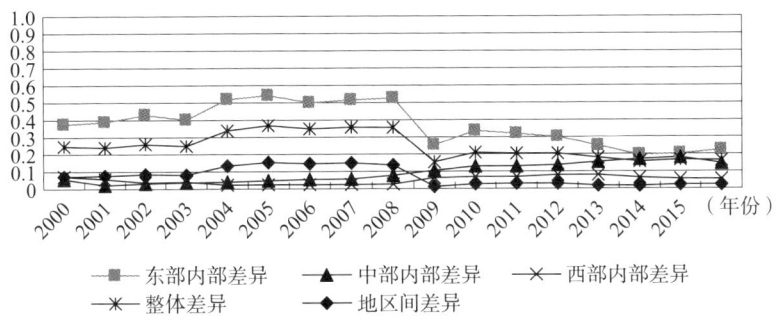

图3-5 2000~2015年全国及三大地区农产品物流业技术效率水平差异

从图3-5反映的变化情况看，2000~2015年，全国范围、东部地区内部各农产品物流业技术效率水平差异程度呈现先扩大趋势，于2008年到达最大值，此后随着各地区对于农产品物流产业发展的重视和地区内部农产品物流交流、合作水平的不断提高，差异程度开始逐步下降；中部地区内部差异程度则略有扩大；西部地区内部差异程度没有明显变化。从附表1的数据可以看出，东部地区内天津、上海的技术效率值远大于东部地区内其他省份，因此东部地区内部差异程度最大，中部次之。相对于其他地区，西部地区内部技术效率水平差异最不明显。这主要是由于西部地区农产品物流业发展起步较晚，同时各区域农产品物流业发展所面临的外部环境也基本相同，因此技术效率水平差异相对较小。

同时，三大地区间农产品物流业技术效率水平的差异程度变化趋势同样呈现先扩大再缩小的趋势，说明在研究后期三大地区间高水平农产品物流资源、技术、管理能力得到较好的扩散、传播。

如前文所述，利用Theil指数可以将整体差异分解为组内差距和组间差距。因此，本书计算出地区间差异及其占整体差异的比重，如表3-3所示。

表3-3 2000~2015年三大地区间技术效率水平差异及其占整体差异比重

单位：%

年份	地区间差异	地区间差异占整体差异比重
2000	0.072	0.291
2001	0.076	0.316
2002	0.084	0.325
2003	0.08	0.321

续表

年份	地区间差异	地区间差异占整体差异比重
2004	0.133	0.393
2005	0.153	0.414
2006	0.146	0.418
2007	0.149	0.415
2008	0.137	0.384
2009	0.013	0.081
2010	0.026	0.127
2011	0.029	0.140
2012	0.029	0.142
2013	0.018	0.103
2014	0.016	0.103
2015	0.023	0.138

观察表3-3所显示的数据，地区间差异占整体差异的比重在2006年达到最大值后，此后呈现下降趋势，2010年之后虽略有波动，但比重保持在15%之下。这种变化现象说明：在整个研究期间的最后几年，三大地区农产品物流业技术效率水平地区间差异对于28个省级行政区域农产品物流业技术效率水平整体差异的影响已无足轻重，三大地区内部的差异才是整体差异水平的主要影响因素。因此，减少整体差异应从减少各地区内部差异着手，特别是东部地区和中部地区更应努力改进地区内部农产品物流业技术效率水平落差较大的不均衡状态。

（二）技术效率空间自相关分析

空间自相关（Spatial Autocorrelation）是指相似事物或现象在空间中的集聚（集中）。通过对空间自相关的测度可以检验具有空间位置的某要素的观测值是否显著地与其相邻空间上的观测值相关联。空间自相关可以分为全局空间自相关（Global Spatial Autocorrelation）和局部空间自相关（Local Spatial Autocorrelation）。全局空间自相关主要描述整个研究区域上空间对象之间的关联程度，以表明空间对象之间是否存在显著的空间分布模式。全局空间自相关是建立在空间平稳性假设基础上的，然而空间过程可能是不平稳的，因此往往还需要进行局部空间自相关分析，识别不同空间位置上可能存在的不同空间集聚模式，观察不同空间位置上的局部不平稳性。

1. 全局空间自相关分析

常用的全局自相关分析指标有全局Moran's I指数、全局Geary's C指数和全局 Getis – Ord G 指数。这三种指数都是通过比对相邻空间位置的要素观测值的相似程度来分析全局空间自相关性的。

全局 Moran's I 指数可视为一个相关系数，取值范围从 –1 到 +1：当 $0 < I < 1$ 时，表示存在正的空间自相关；当 $-1 < I < 0$ 时，表示存在负的空间自相关；当 $I = 0$ 时，表示不存在空间自相关。根据 I 值得出的空间自相关结论需要进行检验，以判断该结论是否具有统计学上的显著意义。相关检验一般都是根据全局 Moran's I 指数值的 Z 标准值进行的：当全局 Moran's I 指数值显著为正时，存在显著的正相关，相似的要素观测值倾向于在空间中集聚（高值集聚在其他高值附近，低值集聚在其他低值附近）；当全局 Moran's I 指数值显著为负时，存在显著的负相关，相似的要素观测值倾向于在空间中分散（高值排斥其他高值，与低值集聚）；当全局 Moran's I 指数值趋近其期望值时则说明要素观测值为空间随机排列。全局 Geary's C 指数与全局 Moran's I 指数的计算方法较为相似，其取值范围为 0~2：当全局 Geary's C 指数值小于 1 时，可以判断存在正的空间自相关；当指数值大于 1 时，可以判断存在负的空间自相关；当指数值等于 1 时，说明要素观测值在空间上随机排列。对全局 Geary's C 指数的检验也是根据相应的标准化 Z 值。但全局 Geary's C 指数在计算过程中将指数的数学期望值恒定为 1，影响了全局 Geary's C 指数的统计性能，导致其实际应用不如全局 Moran's I 指数广泛。

全局 Moran's I 指数与全局 Geary's C 指数有一个共同的缺陷：当出现正的空间自相关时，无法分辨出现的是高值集聚还是低值集聚，抑或同时出现了高值集聚和低值集聚。因此，本书选择使用全局 Getis – Ord G 指数，其计算公式如式（3 – 17）所示。

$$G = \frac{\sum_{i=1}^{n}\sum_{j=1}^{n}w_{ij}x_ix_j}{\sum_{i=1}^{n}\sum_{j=1}^{n}x_ix_j}, \forall j \neq i \quad (3-17)$$

其中，x_i、x_j 分别为空间位置 i 和空间位置 j 的要素观测值；$w_{i,j}$ 为根据距离规则定义的空间位置 i 和空间位置 j 之间的空间权重；n 为空间内观测点的数量。对全局 Getis – Ord G 指数的检验仍根据指数的 Z 标准值进行，如式（3 – 18）所示。

$$Z = \frac{G - E(G)}{\sqrt{Var(G)}}$$

$$E(G) = \frac{\sum_{i=1}^{n}\sum_{j=1}^{n}w_{ij}}{n(n-1)}, \forall j \neq i$$

我国农产品物流业技术效率水平提升策略研究

$$V(G) = E(G^2) - [E(G)]^2 \qquad (3-18)$$

当全局 Getis – Ord G 指数值大于其期望值，且 Z 值显著时，表明空间中要素观测高值趋于集聚；当全局 Getis – Ord G 指数值小于其期望值，且 Z 值显著时，表明空间中要素观测低值趋于集聚；当全局 Getis – Ord G 指数值趋近其期望值时，则表示要素观测值在空间上随机排列。Z 值越大，集聚的程度越高。此外，根据张松林和张昆（2007）研究的结论：当同时存在高值和低值集聚，且高值集聚区域和低值集聚区域规模相当时，指数值往往为正数，表明全局 Getis – Ord G 指数对高值敏感。因此，当全局 Getis – Ord G 指数值为正时，空间内可能存在低值集聚区没有被探测出。尽管如此，由于全局 Moran's I 指数与全局 Geary's C 指数不具备分辨集聚类型的能力，全局 Getis – Ord G 指数仍得到了较广泛的应用。

使用 AcGis 9 软件，本书计算了 2000~2015 年我国内地的 28 个省级行政区域农产品物流业技术效率水平的全局 Getis – Ord G 指数值，如表 3-4 所示。

表 3-4 2000~2015 年农产品物流业技术效率水平的全局 Getis – Ord G 指数值

年份	观测值	期望值	方差	Z 值	P 值
2000	0.403461	0.326882	0.003486	1.296986	0.194636
2001	0.438212	0.326882	0.003868	1.790151	0.07343
2002	0.537642	0.326882	0.003736	3.44821	0.000564
2003	0.442177	0.326882	0.004017	1.819063	0.068902
2004	0.465207	0.326882	0.006178	1.759893	0.078426
2005	0.479004	0.326882	0.006715	1.856415	0.063394
2006	0.474518	0.326882	0.006045	1.898813	0.057589
2007	0.472585	0.326882	0.006196	1.851109	0.064154
2008	0.48305	0.326882	0.00602	2.012829	0.044133
2009	0.443507	0.326882	0.002307	2.427982	0.015183
2010	0.449508	0.326882	0.002186	2.622549	0.008727
2011	0.452666	0.326882	0.002134	2.722588	0.006477
2012	0.441607	0.326882	0.001753	2.740366	0.006137
2013	0.42777	0.326882	0.00172	2.432808	0.014982
2014	0.437207	0.326882	0.001828	2.580147	0.009876
2015	0.429676	0.326882	0.001667	2.517327	0.011825

表3-4的数据显示，除2000年以外，所有年份全局Getis-Ord G指数值均大于相应的期望值，且Z值为正，并通过了显著性检验，说明随着不同区域农产品物流业之间交流、合作的深入，农产品物流业技术效率水平较高的省级行政区域表现出显著的集聚倾向。

2. 局部空间自相关分析

通过Getis-Ord G指数值的计算，可知在研究期内农产品物流业技术效率水平较高的省级行政区域有一定的集聚倾向，但这种高值集聚究竟发生在哪里仍不得而知。Getis and Ord（1992）提出了Getis-Ord G_i指数和Getis-Ord G_i^*指数。两种指数都是通过计算某一空间位置的给定距离范围内邻居位置上要素观测值之和与所有空间位置上要素观测值之和的比值，来识别某一空间位置与周围邻居位置之间是高值集聚还是低值集聚，区别在于前者在计算某一空间位置的给定距离范围内邻居位置上要素观测值之和时未将该位置自身要素观测值包含在内，而后者将其包含在内。由于本书使用的AcGis 9软件未提供计算Getis-Ord G_i指数的功能，故选择Getis-Ord G_i^*指数作为研究使用的指标。

Getis-Ord G_i^*指数的计算公式如式（3-19）所示。

$$G_i^* = \frac{\sum_{j=1}^{n} w_{ij} x_j}{\sum_{j=1}^{n} x_j}, \forall j \neq i \quad (3-19)$$

对Getis-Ord G_i^*指数的检验同样根据指数的Z标准值进行。如果Z值显著为正，表明空间位置i及周围邻居位置的要素观测值相对较大（高于均值），即为高值集聚，则将空间位置i称为"热点"区域；如果Z值显著为负，表明空间位置i及周围邻居位置的要素观测值相对较小（小于均值），即为低值集聚，则将空间位置i称为"冷点"区域。

$$Z = \frac{G - E(G)}{\sqrt{Var(G)}}$$

$$E(G) = \frac{\sum_{j=1}^{n} w_{ij}}{n(n-1)}, \forall j \neq i$$

$$V(G) = E(G^2) - [E(G)]^2 \quad (3-20)$$

由于篇幅所限，本书只选择了2008年和2015年进行分析。使用ArcGis 9软件，本书计算了这两年的Getis-Ord G_i^*指数值。

需要指出的是，Getis-Ord G_i^*指数通过计算某一空间位置的给定距离范围内邻居位置上要素观测值之和，与所有空间位置上要素观测值之和的比值，来判别是否存在"热点"地区，因此某些热点区域自身要素观测值或某个邻居位置要素观测值可能偏低。以 2008 年的北京为例,虽然北京的农产品物流业技术效率值(0.045)远低于全国平均值(0.355),但其周边的河北(0.462)、天津(0.465)等区域的农产品物流业技术效率值均明显高于全国平均值,因此北京仍然成为了热点中显著区域。

本书列出 2008 年和 2015 年热点显著区域,如表 3-5 所示。

表 3-5 2008 年和 2015 年热点显著区域及周边相邻区域

年份	热点低显著区域	热点中显著区域	热点高显著区域
2008	内蒙古、河南、江西、福建	辽宁、北京、安徽	天津、河北、山东、江苏、浙江、上海
2015	湖北	北京、天津、安徽、江西	河北、山东、江苏、浙江、上海

从表 3-5 所反映的热点显著区域的分布情况来看,热点显著区域主要分布在东部和中部地区的北京、天津、河北、山东、江苏、浙江等地。其共同特征是经济发达,农业生产水平高,农产品消费需求旺盛,且农产品物流产业发展的外部环境条件较好,物流业发展整体水平较高。这些区域在地理上非常接近,形成了一个高值集聚地带。这说明随着农产品物流活动地理距离的不断扩大,不同区域间农产品物流活动的相互交流变得愈加频繁和深入,高水平区域对低水平区域的影响、带动作用在不断加强,使得在一定地理范围内出现高水平区域集聚现象,导致了高值集聚地带的出现。西部地区农产品物流业技术效率水平整体相对较低,影响、带动作用不明显,尚未形成类似的农产品物流业技术效率水平的高值集聚地带。

三、投入产出改进分析

根据使用技术效率测算所得的结果,本书继续进行投影分析,确定各省级行政区域农产品物流业投入、产出水平的改进方向和目标,为制定提高农产品物流业效率水平的策略、措施提供参考。

不同于传统 DEA 模型中无效 DMU 的改进值由比例改进值(Proportionate Movement)、松弛改进值(Slack Movement)两部分组成,非径向 SBM 模型由于已考虑了松弛投入和松弛产出因素对效率值的影响,无效 DMU 的改进值只包括松弛改进值一部分。投入变量的改进率=投入松弛改进值/实际投入值,表示实际投入水平需要减少的比例;产出变量的改进率=产出松弛改进值/实际产出值,表示实际产出水平需要增加的比例。由于 SBM-CRS 模型计算的是技术效率,更具综合性,因此本书选择 SBM-CRS 模型进行投影分析。

(一)投入改进分析

根据 DEA-SBM 模型的计算结果,本书整理了 28 个省级行政区域的资本、劳动力投入冗余比例和农产品周转量产出不足比例,如附表3、附表4、附表5所示。

1. 资本投入改进分析

将附表4中全国范围内及三大地区农产品物流业资本投入冗余比例的相关数值提取出来,如表3-6所示。资本投入主要用于建设农产品物流业所需的各类设施、购置物流设备等方面。其中,农产品物流业设施的建设投入在资本投入中占据了较大比重,而设施建设需要相对较长的周期,用于设施建设的资本投入在投入当年无法对立即产出形成促进作用,有一定的滞后性。资本投入的这种特性使得资本投入冗余比例变化呈现出"波浪式"态势,即资本投入冗余比例在若干年份上升后,在接下来的年份,随着设施交付使用,资本投入冗余比例会有一定程度的下降,如此循环。东部地区农产品物流业最为发达,是资本投入的首选地区,因此在研究初期的2000~2004年资本投入冗余比例高居不下,保持在35%以上。此后,随着设施建成投入使用,资本投入冗余比例逐步下降,在2011年达到最低点的9.2%。然后,新一轮的资本投入使得资本投入冗余比例又开始上升。西部地区资本投入冗余比例的变化趋势和东部地区基本类似,但由于西部地区的吸引力不如东部地区,资本投入规模相对较小,因此投入冗余比例水平远低于东部地区。在研究前期,中部地区农产品物流业资本投入冗余比例的变化趋势和其他两个地区比较相似,但不同的是,2011年之后中部地区资本投入冗余比例并没有像东部和中部地区一样大幅反弹,而是维持在比较低的水平。在中部地区并不是三大地区中农产品物流业技术效率水平最高地区的情况下,这一现状说明,就中部地区农产品物流业发展规模而言,其资本投入水平相对较低。

表3-6 2000~2015年全国及三大地区资本投入冗余比例平均值　　单位:%

年份\区域	东部	中部	西部	全国
2000	35.9	2.4	1.3	17.1
2001	39.3	3.6	4.2	20.5
2002	39.9	6.4	11.7	23
2003	36.9	11	10.8	21.9
2004	35.6	19	15.8	23.7
2005	25.7	9.8	9.8	16
2006	21.5	10.2	8.7	14.1
2007	17.7	6.2	6.8	10.7
2008	11.2	2.1	6.4	6.5

续表

区域 年份	东部	中部	西部	全国
2009	15.2	2.7	10.1	8.9
2010	13.6	2.3	15.4	9
2011	9.2	1.9	8.4	6
2012	23.5	8.2	29.5	18.2
2013	26.3	8.8	31.6	19.5
2014	20.9	7	32.6	17.2
2015	28.5	21.5	36.8	26.9
历年平均值	25.1	7.7	15	16.2

2. 劳动力投入改进分析

将附表5中全国范围内及三大地区农产品物流业资本投入冗余比例的相关数值提取出来，如表3-7所示。对比表3-6和表3-7可以发现，劳动力投入冗余比例远低于资本投入冗余比例。这说明各省级行政区域在发展农产品物流业过程中比较重视劳动力资源投入的节约。

表3-7 2000~2015年全国及三大地区劳动力投入冗余比例平均值　单位:%

区域 年份	东部	中部	西部	全国
2000	5.7	31	17.2	20.1
2001	3.6	26.6	12.3	16.1
2002	3	22.9	6	12.9
2003	4.6	28.4	8.1	16.6
2004	4.3	23.6	4.7	13.6
2005	7.7	24.2	8.1	15.3
2006	7.4	23.1	9.6	15.1
2007	10.4	27.7	13.5	19.1
2008	16.9	42	19.7	30.3
2009	11.5	30.6	10	20.9
2010	13	27	11.1	19.9
2011	21.6	35	15.9	27.1
2012	4.8	16.4	0.4	10.2

续表

年份 \ 区域	东部	中部	西部	全国
2013	1.6	9.7	1.3	5.8
2014	3.4	14.8	4.6	9.6
2015	0	0	0	0
历年平均值	7.5	23.9	8.9	15.8

在研究期内，三大地区2000~2004年劳动力投入冗余比例比较低，在此之后随着物流设施建设完成投入使用，需要投入更多的人力资源，劳动力资源投入冗余比例随之上升。2005~2011年，同样的变化关系再次出现。劳动力投入与资本投入冗余比例变化趋势之间表现出"此消彼长"的关系。因此，2012年以后，随着资本投入冗余比例的再次上升，劳动力投入冗余比例再次下降。

在资本投入冗余比例方面，三大地区中东部地区投入冗余比例水平最高，西部次之，中部最低。在劳动力投入冗余比例方面，中部地区最高，西部次之，东部最低，再次表现出"此消彼长"的关系。虽然东部地区经济最为发达，良好的事业发展空间、薪酬水平和良好的生活条件吸引了更多的农产品物流业从业者进入这一地区，但东部地区农产品物流业庞大的规模有效消化了所投入的劳动力资源，而相对较高的纯技术效率使得东部地区能更好地利用所投入的劳动力资源，因此东部地区劳动力投入冗余比例最低。在纯技术效率水平比较接近的情况下，西部地区农产品物流业起步晚，发展迅速，整体处于规模效益递增阶段的农产品物流业需要更多的劳动力资源支持，因此西部地区劳动力投入冗余比例低于中部地区。

（二）产出改进分析

从表3-8可以看出，2000~2015年全国范围及三大地区内农产品周转量产出不足比例平均值非常高，如中部和西部地区2007年达到了92.1%。虽然目前并没有衡量农产品周转量产出不足比例的绝对标准，但可以将其与现有的一些相关研究成果相比较：田刚（2010）同样使用非径向、非角度的SBM模型，投入、产出指标设置也比较相似，计算出的各省级行政区域物流周转量产出不足比例的对应数据只有63.62%。这在一定程度说明各区域农产品物流业的产出是不足的，投入产出转化能力并未达到令人满意的水平，从侧面印证了我国农产品物流业技术效率水平低下的现实。在研究后期，随着农产品物流业技术效率水平的提高，全国和三大地区农产品周转量产出不足比例水平有了较大幅度的降低。

表 3-8　2000~2015 年全国及三大地区农产品周转量产出不足比例平均值

单位:%

年份\区域	东部	中部	西部	全国
2000	71.8	82.9	85.7	79.7
2001	74.2	85.0	86.8	81.6
2002	78.0	87.3	88.1	84.1
2003	77.8	86.7	88.2	84.1
2004	82.9	91.7	92.1	89.3
2005	85.2	92.3	92.8	90.0
2006	83.2	91.7	91.9	88.8
2007	84.2	92.1	92.1	89.3
2008	54.8	65.5	68.2	62.2
2009	66.1	77.7	78.5	73.9
2010	61.8	75.9	75.6	71.1
2011	58.4	73.0	75.5	68.5
2012	49.6	69.0	67.1	62.4
2013	59.1	74.5	74.4	69.5
2014	60.4	75.3	75.0	70.1
2015	46.5	69.6	68.5	62.3
历年平均值	68.4	80.6	81.3	76.7

除了以上结论外,对比表 3-6 到表 3-8 中的数据可以发现,无论是全国范围内还是在三大地区中,资本投入冗余和劳动力投入冗余比例的平均值都远高于农产品周转量产出不足比例的平均值,因此未来我国农产品物流业技术效率水平提升的关键在于努力扩大农产品周转量的产出。

本章小结

本章内容比较丰富,也是承上启下的一章,将为后续章节的分析提供依据。在第三章中,首先阐述了本书选择数据包络方法作为研究方法的理由。然后,针对传统 DEA 模型的缺陷,本书选择了基于非径向、非角度的 SBM 模型。接下来，本书深入分析了选择资本、劳动力和农产品周转量作为投入产出指标的原因，并详细分析了投入、产出指标的计算过程。接下来，本书测算了各省级行政区域农产品物流业的技术效率，以及分解后的纯技术效率和规模效率。在第三章的后半部，本书使用了Theil指数和空间自相关分析的方法，对全国及三大地区技术效率差异的量化程度和不同技术效率水平区域的空间分布情况进行了研究。最后，本书从资本投入、劳动力投入和农产品周转量产出三个方面分析了各省级行政区域投入、产出水平的改进方向和目标。

第三章的主要结论如下所示：

（1）在研究期内，28个省级行政区域的农产品物流业技术效率值均十分低下，一直处于无效率的状态。从东部、中部到西部，我国农产品物流业技术效率水平呈递减状态，符合我国内地经济发展的整体格局。2000~2004年，全国及三大地区技术效率水平整体呈现小幅下降趋势，在2004年达到谷底后，2005年开始出现小幅回升，中间虽有反复，但2005~2015年，全国及三大地区技术效率水平整体呈现上升趋势。

（2）在研究期间，与技术效率水平相类似，28个省级行政区域的农产品物流业纯技术效率整体水平较低，大部分区域处于纯技术效率的无效状态。纯技术效率的变化趋势与技术效率的变化趋势较为相似。全国及三大地区农产品物流业规模效率平均值的轨迹曲线总体比较平缓，研究后期表现出一定的上升趋势，基本都保持在0.7以上的较高水平。因此，技术效率水平低下的主要原因在于纯技术效率。

（3）2000~2015年，全国范围、东部地区内部各农产品物流业技术效率水平差异程度呈现先扩大趋势，于2008年到达最大值，此后差异程度开始逐步下降；中部地区内部差异程度则略有扩大；西部地区内部差异程度没有明显变化。东部地区内部差异程度最大，中部次之，内部差异程度最小的是西部地区。

（4）在研究期内，农产品物流业技术效率水平较高的省级行政区域表现出集聚倾向，集聚的"热点"显著区域及周边相邻区域所形成的高值地带主要分布在东部地区和中部地区。

（5）劳动力投入与资本投入冗余比例变化趋势之间表现出"此消彼长"的关系。资本投入冗余和劳动力投入冗余比例的平均值都远高于农产品周转量产出不足比例的平均值。我国农产品物流业技术效率水平提升的关键在于努力扩大农产品周转量的产出。

第四章 农产品物流业技术效率水平变化测度及其空间差异分析

在第三章中,本书已经分析了 2000~2015 年各年份我国内地的 28 个省级行政区域农产品物流业技术效率值,研究结果显示,我国区域农产品物流业技术效率水平低下,且存在较为显著的区域差异。然而效率研究属于静态研究,能反映某一行业发展动态特征的有效标准应是生产率。目前,国内外学术界普遍认为全面考虑各种生产要素综合作用的全要素生产率是测算生产率更为合理的方式。对本书而言,TFP 增长率可以分解为技术效率变化和技术进步,技术效率变化还可以继续分解为纯技术效率变化和规模效率变化,有助于进一步深化对各省级行政区域农产品物流业技术效率的研究。

第一节 农产品物流业技术效率水平变化测度模型

使用 SBM 模型可以对某一区域在某一时间点上技术效率水平的静态值进行分析,但在研究技术效率水平的动态变化状况时还得借助 TFP 增长率分析的方法。在对 TFP 增长率的研究中,Chow 和 Lin(2002)、Young(2003)等许多学者使用了增长核算法和时间序列生产函数法。但这两种方法没有对 TFP 增长的来源进行细分,无法判断增长是由技术进步所致还是由技术效率提高所致,因而无法达到本书借助 TFP 增长的分析来深入研究我国各省级行政区域农产品物流业技术效率水平动态变化状况的目的。因此,本书使用目前应用较为广泛的前沿生产函数模型(Frontier Production Function)来展开研究。前沿生产函数模型允许无效率情况存在,并可以将 TFP 增长分解为技术进步和效率变化两部分。根据前沿生产函数中的参数是否需要估计,前沿生产函数模型可分为参数分析方法和非参数分析方法两大类。两类方法中较有代表性的具体方法分别是 SFA 法和

DEA-Malmquist 指数法。鉴于本书在研究区域农产物流业技术效率使用的是 DEA 方法中的 SBM 模型,因此在第四章本书选择了 DEA-Malmquist 指数法。现有关于中国物流业生产率或技术效率的研究大多数也是使用这一方法。

瑞典经济学家 Malmquist（1953）研究消费问题时提出了 Malmquist 数量指数。按照 Malmquist 数量指数的形式,最初由 Caves 等（1982）将其改造为基于产出角度的 Malmquist 生产率指数。

基于时期 t 技术条件下测算从时期 t 至时期 t+1 的 TFP 变化情况的 Malmquist 生产率指数如式（4-1）所示。

$$M^t(x^{t+1}, y^{t+1}, x^t, y^t) = d^t(x^{t+1}, y^{t+1})/d^t(x^t, y^t) \quad (4-1)$$

其中,(x^t, y^t) 和 (x^{t+1}, y^{t+1}) 分别为时期 t 和时期 t+1 的投入和产出向量,d^t 为 t 时期技术条件下的距离函数。

基于时期 t+1 技术条件下测算从时期 t 至时期 t+1 的 TFP 变化情况的 Malmquist 生产率指数如式（4-2）所示。

$$M^{t+1}(x^{t+1}, y^{t+1}, x^t, y^t) = d^{t+1}(x^{t+1}, y^{t+1})/d^{t+1}(x^t, y^t) \quad (4-2)$$

为避免随意选择时期带来的差异,取上面两式的几何平均值作为衡量从 t 时期到 t+1 时期生产率变化的 Malmquist 生产率指数。

$$M(x^{t+1}, y^{t+1}, x^t, y^t) = \left[\frac{d^t(x^{t+1}, y^{t+1})}{d^t(x^t, y^t)} \times \frac{d^{t+1}(x^{t+1}, y^{t+1})}{d^{t+1}(x^t, y^t)}\right]^{1/2} \quad (4-3)$$

Malmquist 生产率指数可分解为技术效率变化指数（Technical Efficiency Change, TEC）和技术进步指数（Technical Change, TC）。

$$M(x^{t+1}, y^{t+1}, x^t, y^t) = \frac{d^{t+1}(x^{t+1}, y^{t+1})}{d^t(x^t, y^t)} \times \left[\frac{d^t(x^{t+1}, y^{t+1})}{d^{t+1}(x^{t+1}, y^{t+1})} \times \frac{d^t(x^t, y^t)}{d^{t+1}(x^t, y^t)}\right]^{1/2}$$
$$= TEC \times TC \quad (4-4)$$

Fare 等（1994）的研究指出:TEC 仍可继续分解为纯技术效率变化指数（Pure Technical Efficiency Change, PTEC）和规模效率变化指数（Scale Efficiency Change, SEC）。

$$M(x^{t+1}, y^{t+1}, x^t, y^t) = TEC \times TC = PTEC \times SEC \times TC \quad (4-5)$$

Malmquist 生产率指数大于 1 时,表示从时期 t 到时期 t+1 TFP 水平是增长的;Malmquist 生产率指数小于 1 时,表示从时期 t 到时期 t+1 TFP 水平是下降的,Malmquist 生产率指数减去 1 所得的差值即为 TFP 水平的增长率。技术效率变化指数（TEC）和技术进步指数（TC）,以及由 TEC 分解得到的纯技术效率变化指数（PTEC）和规模效率变化指数（SEC）的实际意义与 Malmquist 生产率指数类似,均可表示相应效率水平的上升（下降）状况。

第二节 技术效率水平变化测度及其空间差异实证分析

一、TEC 指数历年平均值分析

本书使用 Malmquist 生产率指数方法,计算农产品物流业全要素生产率的增长状况,并将 Malmquist 生产率指数进行深入分解,结果如附表 7 至附表 11 所示。

(一)全国范围内技术效率水平变化历年平均值分析

由附表 7 可知,2000~2015 年全国范围内农产品物流业 Malmquist 生产率指数历年平均值为 1.02,因此 TFP 的年平均增长率为 2%。与其他学者得出的物流业 TFP 增长率的研究成果相比,如田刚(2010)计算所得的 1991~2007 年物流业 TFP 年平均增长率为 4.23%,农产品物流业 TFP 增长率明显偏低,表明在我国农产品物流业仍是发展速度相对较慢的物流分支。如附表 9 所示,2000~2015 年全国范围内农产品物流业 TC 指数历年平均值为 1.07,技术水平的年平均增长率为 7%,这一时期是我国传统运输仓储业向现代物流业转型的时期。随着我国工业化、城镇化进程的不断加速,产业升级和消费水平提高,国家、地方各级政府十分重视物流业的发展。各地农产品物流业发展过程中比较重视技术装备的升级换代,投入了大量资金、人力,技术引进和技术创新效果明显。因此,我国物流业的技术水平有了较大提高。

从附表 8 提取数据进行整理后发现,在 2000~2004 年全国范围内农产品物流业 TEC 指数历年平均值为 0.88,因此这段时期内技术效率水平是在下滑的,技术效率水平的年平均增长率为 -12%;在 2005~2015 年全国范围内农产品物流业 TEC 指数历年平均值为 1.03,说明这段时期内技术效率水平处于上升状态,技术效率水平的年平均增长率为 3%。TEC 指数"先下降,后上升"的变化规律与第三章中关于技术效率变化趋势研究的结论相互验证,保持一致。2005~2015 年全国农产品物流业技术效率水平出现了持续增长,其原因是多方面的:如各省份的农产品物流业为满足农产品物流需求的增长,应对日益激烈的市场竞争,不断消化、吸收现有物流技术,提高对现有技术的使用能力;随着企业运营经验的累积,利用人力、物力资源,设计、管理、控制农产品物流活动的能力有了提高等。同时,国家出台了一系列支持农产品物流业发展政策,如 2003 年以后效率水平相对更高的外资农产品物流企业被允许进入中国市场;2006年物流业首次被单列在中国"十一五"发展规划;2007年中央1号文件明确提出要发展适应现代农业要求的物流产业;2008年中央1号文件中又提出要加强粮食现代物流体系建设,开展鲜活农产品冷链物流试点,落实鲜活农产品绿色通道省内外车辆无差别减免通行费政策等。这些农产品物流业利好政策的制定对农产品物流技术效率水平保持增长状态起到了有力的促进作用。

2000~2015年,TEC指数的历年平均值为0.99。对比TFP、TEC和TC指数三者的历年平均值可以看出,2000~2015年TFP的增长动力主要来自于技术水平的提高。

按照同样的处理方式,从附表10中提取数据进行整理后发现,2000~2004年纯技术效率水平的年平均增长率为 -10%,纯技术效率水平呈下滑趋势;2005~2015年年平均增长率为9%,纯技术效率水平保持增长态势。从附表11中提取数据进行整理后可知,2011~2015年规模效率的年平均增长率为2%,说明研究后期农产品物流业规模效率水平有一定幅度的上升。技术效率、纯技术效率的变化趋势与第三章的研究结果是相吻合的,并验证了纯技术效率变化是技术效率变化主要影响因素的结论。

(二)三大地区技术效率水平变化历年平均值分析

分别观察附表7至附表11中三大地区的数据,同样可以了解东部、中部、西部地区农产品物流业TFP增长率及分解指数变化的整体情况,得出以下结论。

(1)如附表7所示,在2000~2015年,东部、中部和西部地区农产品物流业Malmquist生产率指数年平均增长率分别为5%、0和1%,表现出了增长趋势。东部地区Malmquist生产率指数年平均增长率在三大地区中最高,体现了东部地区农产品物流业自身的实力;西部地区得益于"西部大开发"等国家政策的扶持,农产品物流业TFP水平表现出一定的增长势头;中部地区TFP水平没有明显变化,与中部物流业发展在这一时期出现"中部塌陷"现象的大环境相吻合。从附表9可知,东部、中部和西部地区TC指数年平均值分别为1.08、1.07、1.07。从数据情况来看,三大地区农产品物流业技术水平都表现出增长势头。东部地区拥有研发资源和研发能力的优势,农产品物流技术研发进程一直走在前列,加之东部地区对外交流更加频繁和深入,有利于吸收国外农产品物流先进技术,因此农产品物流业的生产技术水平增长趋势更为强劲。

如附表8所示,经数据整理,2000~2004年三大地区农产品物流业TEC指数历年平均值分别为0.89、0.85、0.88,各地区农产品物流业技术效率水平都出现下降趋势;2005~2015年三大地区农产品物流业TEC指数历年平均值分别为1.05、1.02、1.02,各地区农产品物流业技术效率水平均呈现上升趋势。这和全国范围内的研究结论是一致的。

（2）从TEC指数的分解结果（附表9）来看，2000~2004年东部、中部和西部地区的纯技术效率水平（PTEC）年平均增长率分别为-9%、-16%、-4%；2005~2015年东部、中部和西部地区的纯技术效率水平年平均增长率分别为14%、8%、5%。与技术效率类似，三大地区纯技术效率水平同样呈现出"先上升，后下降"的变化趋势。2011~2015年，三大地区规模效率水平的年平均增长率分别为6%、6%、1%，说明研究后期农产品物流业规模效率水平有一定幅度的上升。从纯技术效率水平年平均增长率和规模效率年平均增长率的对比结果可以看出，三大地区农产品物流业纯技术效率同样是技术效率水平变化的主要原因。

二、TEC指数空间差异分析

在上一节中本书对全国及三大地区农产品物流业技术效率水平变化情况进行了测度，分析了Malmquist指数、TEC指数、TC指数、PTEC指数和SEC指数在研究期内随时间变化的演变趋势，但各省级行政区域之间TEC指数差异化程度如何，TEC指数较高区域的空间分布状况如何等问题还没有得到明确的解答。因此，和第三章的做法一样，本书再次使用Theil指数和空间自相关分析的方法来探寻以上问题的答案。

（一）TEC的Theil指数分析

衡量TEC指数差异程度的Theil指数计算公式如式（4-6）、式（4-7）、式（4-8）、式（4-9）所示。

$$T = \sum_{i=1}^{n} (c_i/C) \times \ln[(c_i/C)/(1/n)] \tag{4-6}$$

$$T_E = \sum_{i=1}^{n_1} (c_i/C_E) \times \ln[(c_i/C_E)/(1/n_1)]$$

$$T_M = \sum_{i=1}^{n_2} (c_i/C_M) \times \ln[(c_i/C_M)/(1/n_2)] \tag{4-7}$$

$$T_W = \sum_{i=1}^{n_3} (c_i/C_W) \times \ln[(c_i/C_W)/(1/n_3)]$$

$$T_w = \frac{C_E}{C}T_E + \frac{C_M}{C}T_M + \frac{C_W}{C}T_W \tag{4-8}$$

$$T_b = \frac{C_E}{C}\ln[(C_E/C)/(n_1/n)] + \frac{C_M}{C}\ln[(C_M/C)/(n_2/n)]$$
$$+ \frac{C_W}{C}\ln[(C_W/C)/(n_3/n)] \tag{4-9}$$

其中，n 为样本数，n = 28；n_1、n_2、n_3 分别为东部、中部和西部地区内所含省级行政区域个数，$n_1 = 10$，$n_2 = 8$，$n_3 = 10$；c_i 为各省级行政区域农产品物流业 TEC 指数值，C、C_E、C_M、C_W 分别为全国及三大地区内部各省级行政区域 TEC 指数之和；T 为全国农产品物流业 TEC 指数整体差异水平的 Theil 指数，T_E、T_M、T_W 分别为东部、中部和西部地区内部差异水平的 Theil 指数；T_w 为各地区差异的加权和，T_b 为地区间差异，两者之和即等于 T。

根据以上公式，本书计算出 2000~2015 年我国内地的 28 个省级行政区域农产品物流技术效率变化指数整体差异、各地区内部差异和地区间差异的 Theil 指数值，如表 4-1 所示。

表 4-1 2000~2015 年全国及三大地区技术效率变化差异情况

年份	整体差异	东部内部差异	中部内部差异	西部内部差异	地区间差异
2000~2001	0.020	0.045	0.011	0.002	0.000
2001~2002	0.006	0.003	0.001	0.011	0.000
2002~2003	0.005	0.008	0.001	0.006	0.000
2003~2004	0.009	0.008	0.001	0.012	0.001
2004~2005	0.002	0.000	0.001	0.000	0.000
2005~2006	0.002	0.003	0.000	0.002	0.000
2006~2007	0.002	0.004	0.000	0.001	0.000
2008~2009	0.035	0.083	0.006	0.001	0.004
2009~2010	0.003	0.000	0.002	0.002	0.000
2010~2011	0.001	0.001	0.001	0.001	0.000
2011~2012	0.007	0.017	0.003	0.000	0.000
2012~2013	0.019	0.035	0.010	0.009	0.001
2013~2014	0.006	0.011	0.001	0.001	0.001
2014~2015	0.005	0.008	0.004	0.002	0.000

观察表 4-1 可知，无论是全国范围内，抑或是对于三大地区而言，农产品物流业技术效率变化差异程度非常小。同时，三大地区之间的差异也非常小。这一事实说明虽然农产品物流业技术效率水平尚有差距，但各省级行政区域农产品物流业技术效率水平变化的趋势是一致的，即"一升俱升，一降俱降"。农产品物流业技术效率水平较高的区域对周边区域有较强的辐射、影响作用。以技术效率水平的区域为核心，带动周边区域农产品物流业技术效率水平的提高，也是一种促进我国农产品物流业技术效率上升到更高水平的有效途径。

(二) 技术效率变化指数空间自相关分析

使用 AcGis 9 软件，本书计算了 2000~2015 年我国内地的 28 个省级行政区域农产品物流业 TEC 指数的全局 Getis – Ord G 指数值（见表 4-2）。

表 4-2　2000~2015 年农产品物流业技术效率变化指数全局 Getis – Ord G 指数值

年份	观测值	期望值	方差	Z 值	P 值
2000~2001	0.365446	0.337634	0.000548	1.18782	0.234904
2001~2002	0.35096	0.337634	0.000442	0.634101	0.526015
2002~2003	0.374146	0.337634	0.000431	1.759216	0.078541
2003~2004	0.358715	0.337634	0.000471	0.971018	0.331539
2004~2005	0.367853	0.337634	0.000406	1.499444	0.133758
2005~2006	0.362752	0.337634	0.000405	1.247375	0.21226
2006~2007	0.358537	0.337634	0.000406	1.03687	0.299797
2008~2009	0.3747	0.337634	0.000854	1.268716	0.204543
2009~2010	0.369971	0.337634	0.000414	1.589989	0.111837
2010~2011	0.367287	0.337634	0.000403	1.477609	0.139513
2012~2013	0.355042	0.337634	0.000518	0.764494	0.444573
2013~2014	0.36544	0.337634	0.000442	1.322288	0.186072
2014~2015	0.364337	0.337634	0.000428	1.290233	0.19697

表 4-2 的数据显示，虽然所有年份技术效率变化指数值的全局 Getis – Ord G 指数值都大于相应的期望值，但只有 2002~2003 年通过了 10% 的显著性检验。因此，农产品物流业 TEC 指数较高的省级行政区域基本没有集聚倾向，农产品物流业技术效率水平提高较快的区域更倾向于随机分布。

本章小结

在第四章中，本书首先介绍了 Malmquist 生产率指数的计算原理，以及该指数分解后所得的技术进步指数（TC）、技术效率变化指数（TEC）、纯技术效率变化指数（PTEC）、规模效率变化指数（SEC）的计算方法。在完成计算原理的讨论后，本书运用 Malmquist 生产率指数测算了我国内地的 28 个省级行政区域农产品物流业全要素生产率（TFP）的增长率，以及分解出来的各类指数。最后，本书使用 Theil 指数和空间自相关的方法，对技术效率变化指数（TEC）的空间差异进行了进一步的深入分析。

第四章的主要结论如下所示：

（1）通过计算 Malmquist 指数、TEC 指数和 TC 指数后发现，2000~2015 年全国及三大地区农产品物流业 TFP 水平整体处于上升趋势，技术水平也有了较大提高。然而，在 2000~2004 年，全国及三大地区农产品物流业技术效率水平处于下滑状态，直至 2005~2015 年技术效率水平才呈现上升趋势。TFP 的增长动力主要来自于技术水平的提高。

（2）由 TEC 指数分解后得到的全国及三大地区农产品物流业 PTEC 指数和 SEC 指数可知，纯技术效率与技术效率的变化趋势类似，规模效率水平在研究后期有一定程度的提高。

通过对测度技术效率水平动态变化状态的各类指数的分析，印证了第三章的结论。

（3）无论是全国范围内，抑或是对于三大地区而言，农产品物流业技术效率变化差异程度非常小。同时，三大地区之间的差异程度也非常小。农产品物流业 TEC 指数较高的省级行政区域基本没有集聚倾向，农产品物流业技术效率水平提高较快的区域更倾向于随机分布。

第五章 农产品供应链上下游产业及外生性环境影响因素作用分析

在前文的分析中，通过使用基于非径向、非角度的 SBM 模型，获取了各省级行政区域农产品物流业在研究期内各年份的技术效率静态值；通过计算 Malmquist 生产率指数及其分解所得的各种指数，掌握了农产品物流业技术效率的动态变化情况。同时，Theil 指数和空间自相关方法的运用使得农产品物流业技术效率水平和技术效率变化状况的空间差异情况得到了较为准确的展示。然而，以上分析均是建立在区域农产品物流业技术效率水平直接影响因素基础上的。在第五章，本书将继续分析除投入要素和产出要素这两种直接影响因素外其他因素的影响问题，即农产品供应链上下游产业影响因素和外生性环境影响因素是如何作用于各省级行政区域农产品物流业技术效率水平的。

第一节 农产品供应链上下游产业影响因素作用分析

一、指标选取及数据来源

如前文分析所示，农业在农产品供应链中位于上游；农产品加工业和农产品零售业位于农产品供应链的下游。对于农业的发展规模，本书选取了农林牧渔业总产值作为代表指标；对于农产品加工业，本书选取了固定资产净值作为代表指标。为保证指标值的可比性，同时也为了和第三章计算农产品物流业技术效率值时对数据的处理方法保持一致，本书将农林牧渔业总产值和固定资产净值以1981年为基期进行了折算。需要说明的是，由于现有的官方统计年鉴中无法获取2000

年之前各省级行政区域农产品加工业总产值数据，因此无法将2000~2015年的农产品加工业总产值数据按1981年的不变价格进行折算。正是因为这个原因，本书选择了固定资产净值作为衡量农产品加工业发展规模的代表指标。同时，在各种权威的统计资料中均未发现关于农产品零售业的统计数据。由于农产品零售业的顾客多来自于城市，因此本书以城镇居民在粮食、蔬菜、瓜果、肉禽制品、蛋类等农产品上的人均消费支出，乘以区域年末总人口所得结果（本书将这一结果命名为"农产品消费支出"），来推测该区域农产品零售业的发展规模，并按以1981年为基期的居民消费价格指数对计算结果进行了折算。研究过程中使用的数据主要来自2000~2015年的《中国统计年鉴》和《新中国六十年统计资料汇编》等官方发布的统计资料，保证了数据的真实性和可靠性。

二、分析过程

（一）数据的平稳性检验

为分析农产品供应链上下游产业对农产品物流业技术效率水平的影响，本书以各省级行政区域农产品物流业技术效率值（XL）为被解释变量，以农林牧渔业总产值（NY）、农产品加工业固定资产净值（JGY）、农产品消费支出（XS）为解释变量，进行回归分析。

由于采集的数据中可能存在异方差性，本书对上述各项指标数值进行取自然对数处理（这并不影响数据性质及数据间的相互关系）。

为避免出现由于数据不平稳导致的伪回归现象，本书首先对数据进行平稳性检验。本书的数据时间跨度为2000~2015年，涉及28个省级行政区域，因此属于面板数据（Panel Data）。

基于面板数据的AR（1）过程如式（5-1）所示。

$$y_{it} = \rho_i y_{it-1} + x'_{it}\delta_i + \mu_{it}$$
$$i = 1, 2, \cdots, N$$
$$t = 1, 2, \cdots, T_i \quad (5-1)$$

其中，x_{it}为模型中的外生变量向量，含各个体截面的固定影响和时间趋势；N为个体截面成员的个数；T_i为面板中第i个截面成员的观测时期数；ρ_i为自回归系数；μ_{it}为满足相互独立、同分布假设的随机误差项。对于式（5-1）所表示的AR（1）过程，如果ρ_i绝对值小于1，则所对应的序列y_{it}为平稳序列；如果ρ_i绝对值等于1，则所对应的序列y_{it}为平稳序列。根据对式（5-1）中ρ_i限制条件的不同，面板数据的单位根检验方法可以分为两大类：一类是假定所有面

---

① 各类官方统计年鉴从2000年才开始统计农产品加工业的相关数据。

板单位具有相同的单位根,即假设面板数据中各个不同的截面序列具有相同的单位根过程(Common Unit Root Process),参数 ρ_i 满足 $\rho_i = \rho$(i=1,2,…,N);另一类假定所有面板单位具有不同的单位根,即假设面板数据中各个不同的截面序列具有不同的单位根过程(Individual Unit Root Process),允许参数 ρ_i 跨截面变化。相比较而言,第二类检验放宽了假设,更贴近客观实际。在第一类单位根检验方法中,较有代表性的方法有 LLC 检验法、Breitung 检验法和 Hadri 检验法。在第二类单位根检验方法中,较有代表性的方法有 Im – Pesaran – Skin 检验法、Fisher – ADF 检验法和 Fisher – PP 检验法。

本书使用 EViews 9.0 软件对所采集的面板数据进行平稳性检验。EViews 7.0 软件在检验过程中同时使用了 LLC 检验法、Im – Pesaran – Skin 检验法、Fisher – ADF 检验法、Fisher – PP 检验法等多种方法,以保证结果的可靠性。平稳性检验结果如表 5 – 1 所示。

表 5 – 1 面板数据单位根检验

变量名	检验值	LLC	Im, Pesaran and Shin W – stat	ADF – Fisher Chi – square	PP – Fisher Chi – square	结论
LNXL	I(0)	2.62397	6.59963	14.13	14.1555	不平稳
	P 值	0.9957	1	1	1	
LNNY	I(0)	-6.13539	0.53329	79.8065	115.412	不平稳
	P 值	0	0.7031	0.0079	0	
LNXS	I(0)	5.14148	0.53329	79.8065	115.412	不平稳
	P 值	1	0.7031	0.0079	0	
LNJGY	I(0)	1.91096	7.04307	16.0706	6.08851	不平稳
	P 值	0.972	1	1	1	

由表 5 – 1 可知,对面板数据水平值的检验结果显示 LNXL、LNNY、LNJGY、LNXS 不拒绝"存在单位根"的原假设,截面序列不是平稳的。于是对 LNXL、LNNY、LNJGY、LNSX 进行一阶差分处理,处理后再次进行平稳性检验,检验结果如表 5 – 2 所示。

由表 5 – 2 可知,对面板数据水平值的检验结果显示 DLNXL、DLNNY、DLNJGY、DLNXS 拒绝"存在单位根"的原假设,即进行一阶差分处理后的截面序列是平稳的。

(二) 数据的协整检验

面板数据的协整检验方法可以分为两大类,一类是建立在 Engle and Granger

第五章　农产品供应链上下游产业及外生性环境影响因素作用分析

表5-2　面板数据单位根检验

变量名	检验值	LLC	Im, Pesaran and Shin W-stat	ADF-Fisher Chi-square	PP-Fisher Chi-square	结论
DLNXL	I(1)	-10.3943	-5.88955	160.701	183.069	平稳
	P值	0	0	0	0	
DLNNY	I(1)	-8.32342	-7.36952	152.5	171.594	平稳
	P值	0	0	0	0	
DLNXS	I(1)	-13.5898	-7.36952	152.5	171.594	平稳
	P值	0	0	0	0	
DLNJGY	I(1)	0	180.526	210.963	0	平稳
	P值	0	0	0	0	

两步法检验基础上的面板协整检验，具体方法主要有 Pedroni 检验和 Kao 检验；另一类是建立在 Johansen 协整检验基础上的面板协整检验。本书用的是一种更为常用的协整检验方法——残差检验法。具体分两步进行：第一步，基于序列 DLNXL 与序列 DLNNY、DLNJGY、DLNXS，得到变系数模型估计结果；第二步，求得各截面回归方程的残差，进行单位根检验，若截面残差平稳，则表明序列 DLNXL 与序列 DLNNY、DLNJGY、DLNXS 之间存在协整关系。以下是协整检验的部分结果，依次表示的是检验残差的原数据、一阶差分的平稳性，检验结果如表5-3、表5-4所示。

表5-3　协整检验——检验残差原数据平稳性结果

Method	Statistic	Prob.	Cross-sections	Obs
Null：Unit root (assumes common unit root process)				
Levin, Lin & Chu t	-15.6396	0	28	390
Null：Unit root (assumes individual unit root process)				
Im, Pesaran and Shin W-stat	-10.7608	0	28	390
ADF-Fisher Chi-square	208.135	0	28	390
PP-Fisher Chi-square	232.674	0	28	392

由结果知，无论同根情形下的 LLC（Levin, Lin & Chu）检验、Breitung 检验，还是不同根情形下的 Im-Pesaran-Shin 检验、Fisher-ADF 检验和 Fisher-PP 检验，统计量的绝对值都较大，相应的概率值 P 均为0，因此，拒绝"所有截面回归方程的残差序列都有单位根"的原假设，即面板数据序列 DLNXL 与序列 DLNNY、DLNJGY、DLNXS 之间存在协整关系。

表5-4 协整检验——检验残差一阶差分平稳性结果

Method	Statistic	Prob.	Cross - sections	Obs
Null：Unit root（assumes common unit root process）				
Levin, Lin & Chu t	-18.3419	0	28	338
Null：Unit root（assumes individual unit root process）				
Im, Pesaran and Shin W - stat	-15.7224	0	28	338
ADF - Fisher Chi - square	306.834	0	28	338
PP - Fisher Chi - square	658.756	0	28	364

（三）回归分析过程

一个由 N 个个体、T 个观测时期、k 个解释变量组成的面板数据模型如式（5-2）所示。其中，y_i 为 T×1 维被解释变量向量，x_i 为 T×k 维解释变量矩阵，y_i 和 x_i 的各分量即为个体成员的经济指标时间序列；α_i、β_i 分别为截距项和 k×1 维系数向量，其取值随个体的不同而变化；μ_i 为 T×1 维的扰动项向量，满足均值为 0、方差为 σ_μ^2 的假设。

$$y_i = \alpha_i + x_i\beta_i + \mu_i$$
$$i = 1, 2, \cdots, N \qquad (5-2)$$

根据截距项和系数取值的不同，模型（5-2）通常可以分为三种：$\alpha_i = \alpha_j$，$\beta_i = \beta_j$，不变系数模型；$\alpha_i \neq \alpha_j$，$\beta_i = \beta_j$，变截距模型；$\alpha_i \neq \alpha_j$，$\beta_i \neq \beta_j$，变参数模型。不变系数模型的特点在于面板数据横截面上无个体影响和结构变化，可用普通最小二乘法估计给出 α、β 的一致有效估计。此时的回归类似于将多个时期截面数据进行拼接得到样本数据后所做的回归。变截距模型的特点在于面板数据横截面上存在被忽略的反映个体差异变量所产生的个体影响，包括固定影响和随机影响两种。变参数模型的特点在于面板数据横截面上既存在个体影响，又存在变化的经济结构，因此结构参数在不同横截面上是不同的。

因此，在建立面板数据回归模型以分析农产品供应链上下游产业发展规模对农产品物流业技术效率水平的影响时，首先要检验参数 α_i、β_i 值是否对所有个体样本点或在所有观测时期都是不变化的，即判断该选择哪一种模型形式，以避免模型设定的偏差，改进参数估计的有效性。

模型形式的选择主要是通过检验如下两个假设：

H_1：$\beta_1 = \beta_2 = \cdots = \beta_N$

H_2：$\alpha_1 = \alpha_2 = \cdots = \alpha_N$；$\beta_1 = \beta_2 = \cdots = \beta_N$

如果不拒绝假设 H_2，模型形式可以选择为不变系数模型。如果拒绝假设 H_2，则需进一步检验假设 H_1：不拒绝 H_1，选择变截距模型作为模型形式；不拒绝 H_1，选择变参数模型为模型形式。对以上假设的检验可通过 F 统计量 F_1、F_2 的取值来判断。

F_1、F_2 的计算公式如式（5-3）、式（5-4）所示。

$$F_1 = \frac{(S_2 - S_1)/[(N-1)k]}{S_1/[NT - N(k+1)]} \sim F[(N-1)k, N(T-k-1)] \quad (5-3)$$

$$F_2 = \frac{(S_3 - S_1)/[(N-1)(k+1)]}{S_1/[NT - N(k+1)]} \sim F[(N-1)(k+1), N(T-k-1)]$$

$$(5-4)$$

公式（5-3）、式（5-4）中 S_1 为变参数模型回归的残差平方和，S_2 为变截距模型回归的残差平方和，S_3 为不变参数模型回归的残差平方和。

在假设 H_2 下统计量 F_2 服从相应自由度下的 F 分布，F_2 的值大于或等于给定置信度下的临界值，则拒绝假设 H_2，转而继续检验假设 H_1；F_2 的值小于给定置信度下的临界值，则不拒绝假设 H_2，将模型形式设置为不变参数模型。

在假设 H_1 下统计量 F_1 同样服从相应自由度下的 F 分布，F_1 的值大于或等于给定置信度下的临界值，则拒绝假设 H_1，将模型形式设置为变参数模型；F_2 的值小于给定置信度下的临界值，则不拒绝假设 H_1，将模型形式设置为变截距模型。

按照模型形式判断的步骤，本书以 DLNXL 为被解释变量，DLNNY、DLNJGY、DLNXS 为解释变量，分别按照变参数模型、变截距模型、不变系数模型三种不同形式分别进行回归。

三种模型回归的结果分别如表 5-5、表 5-6、表 5-7 所示。

表 5-5　变参数模型回归分析部分结果

\multicolumn{4}{c}{Effects Specification}			
Cross. section fixed (dummy variables)			
R - squared	0.250334	Mean dependent var	0.046657
Adjusted R - squared	-0.019838	S. D. dependent var	0.311199
S. E. of regression	0.31427	Akaike info criterion	0.746051
Sum squared resid	30.41984	Schwarz criterion	1.823452
Log likelihood	-44.67062	Hannan - Quinn criter.	1.171889
F - statistic	0.926573	Durbin - Watson stat	2.081461
Prob. (F - statistic)	0.676869		

表5-6 变截距模型回归分析部分结果

Effects Specification			
Cross. section fixed (dummy variables)			
R - squared	0.07477	Mean dependent var	0.046657
Adjusted R - squared	0.003415	S. D. dependent var	0.311199
S. E. of regression	0.310667	Akaike info criterion	0.570751
Sum squared resid	37.54385	Schwarz criterion	0.86896
Log likelihood	-88.8577	Hannan - Quinn criter.	0.688617
F - statistic	1.047866	Durbin - Watson stat	2.031516
Prob. (F - statistic)	0.400572		

表5-7 不变系数模型回归分析结果

Variable	Coefficient	Std. Error	t. Statistic	Prob.
C	0.054072	0.031635	1.709236	0.0882
DLNNY?	-1.169549	0.438918	-2.664619	0.008
DLNXS?	0.28713	0.377008	0.761603	0.4467
DLNJGY?	0.339111	0.084389	4.018413	0.0001
R - squared	0.050649	Mean dependent var	0.046657	
Adjusted R - squared	0.043803	S. D. dependent var	0.311199	
S. E. of regression	0.304307	Akaike info criterion	0.467916	
Sum squared resid	38.52262	Schwarz criterion	0.506394	
Log likelihood	-94.26226	Hannan - Quinn criter.	0.483124	
F - statistic	7.398058	Durbin - Watson stat	1.984432	
Prob. (F - statistic)	0.000077			

由表5-5、表5-6、表5-7可知,三种模型回归结果中残差平方和分别为:S1 = 30.41984,S2 = 37.54385,S3 = 38.52262。将S1、S2、S3分别代入式(5-3)、式(5-4)计算 F_1、F_2 值,其中 N = 28,T = 16,k = 3,最终求得 F_2 = 0.654~108336。利用函数@qfdist(d, k_1, k_2)(其中 d 为临界点,k_1 和 k_2 为自由度)可以求得F分布的临界值。设置5%的显著性水平(此时 d = 0.95),求得 F_2 的临界值为1.282。由于 F_2 < 1.282,所以不拒绝假设 H_2,应将模型形式设置为不变系数模型。

从表5-7显示的回归结果看,DLNNY 与 DLNXL 显示出显著的反向关系,农业生产发展规模的扩大会阻碍农产品物流业技术效率水平的提高。DLNXS 与

第五章 农产品供应链上下游产业及外生性环境影响因素作用分析

DLNXL 显示出并不显著的正向关系，农产品零售业发展规模的扩大有利于农产品物流业技术效率水平的提高。DLNJGY 与 DLNXL 显示出显著的正向关系，农产品加工业发展规模的扩大有利于农产品物流业技术效率水平的提高。

第二节 外生性环境影响因素作用分析

一、指标选取及数据来源

综合现有文献，根据区域农产品物流业的内涵特点，本书选择区域经济发展水平、制度环境、信息化水平、开放程度、产业结构状况这五种因素作为外生性环境影响因素。

通常可以从经济规模或经济发展速度的角度来衡量某一区域的经济发展水平，其常用指标是"人均 GDP"或"GDP 年增长率"。本书选择"人均 GDP"作为衡量指标。在制度环境方面，参照现有文献的通常做法，本书用各省级行政区域国有经济在全社会固定资产投资中所占比例（即所谓的"国有率"）作为考量制度环境的指标。在信息化水平方面，本书选择信息化发展指数（Informatization Development Index，IDI）作为指标。信息化发展指数是国家自"十一五"信息化规划建设以来开始编制的一种指数，从信息化基础设施建设、信息化应用水平和制约环境、居民信息消费等方面综合性地测量和反映一个国家或地区信息化发展总体水平。在开放程度方面，本书选用现有文献常用的"外贸依存度"（亦称为"贸易依存度"）作为衡量指标。与一般"外贸依存度"指标有所不同，为了适应农产品物流业技术效率水平研究的需要，本书以农产品进出口贸易总额与 GDP 的比值来表征某一省级行政区域在农产品贸易方面对外开放的活跃程度。在产业结构方面，由于农产品物流业属于第三产业，因此本书选择了各地区第三产业增加值在各地区生产总值中的比重来表示一个省级行政区域内部的产业结构状况。

计算以上五个指标值过程中所需要的数据主要来自于 2000~2015 年《中国统计年鉴》，确保了数据的真实性和准确性。

二、分析过程

（一）Tobit 模型

Tobit（1958）首先关注了被解释变量取值范围有上限、下限或极值时的计量问题。从 Tobit（1958）的研究开始，此类问题受到了众多学者的关注。这种被解释变量有数值限制从而需要进行选择的模型由此被称为 Tobit 模型。

常见的 Tobit 模型有五种：第一种属于标准 Tobit 模型，根据所使用数据类型的不同又可进一步细分为审查数据模型和截断数据模型；后四种属于广义 Tobit 模型，适用于样本选择模型。

在前面章节中，本书已使用基于非径向、非角度的 SBM 模型计算出了各省级行政区域的农产品物流业技术效率值。技术效率值的取值范围在 0 与 1 之间，属于典型的截断数据。如果使用普通最小二乘法对以截断数据为解释变量建立的计量模型进行回归，参数的估计将有偏差且不一致。因此，本书选择标准 Tobit 模型中的截断数据模型来进行分析。这也是目前相似研究中惯用的一种做法。

截断数据 Tobit 模型的形式如式（5-5）所示。

$$y^* = x^* \beta + \varepsilon$$
$$y = \begin{cases} 0, & y^* \leq 0 \\ y^*, & y^* \leq 0 \end{cases} \quad (5-5)$$

其中，$\varepsilon \sim (0, \sigma^2)$。

由于我国不同省级行政区域在区域经济发展水平、制度环境、市场化程度、开放程度、产业结构状况等外生性环境因素方面表现差异过大，为了使后续分析更有针对性，本书以 2000~2015 年东部、中部、西部地区农产品物流业技术效率平均值作为被解释变量，以各自地区相应指标的平均值作为解释变量，建立 Tobit 模型进行分析。

（二）Tobit 模型分析结果

使用 Tobit 模型分别对东部、中部、西部地区进行外生性环境因素影响分析，其结果分别如表 5-8、表 5-9、表 5-10 所示，其中 X1 代表人均 GDP；X2 代表外贸依存度；X3 代表第三产业增加值占 GDP 比重；X4 代表信息化发展指数；X5 代表国有率。

表 5-8 东部地区外生性环境因素 Tobit 模型分析结果

Variable	Coefficient	Std. Error	z – Statistic	Prob.
C	-1.463671	0.350597	-4.174802	0.000000*
X1	-0.00000286	0.00000172	-1.664772	0.096000***
X2	-1.033496	2.37263	-0.435591	0.663100
X3	2.380034	0.462637	5.144497	0.000000*
X4	0.006297	0.001981	3.178825	0.001500*
X5	1.01991	0.266109	3.832678	0.000100*

表 5-9　中部地区外生性环境因素 Tobit 模型分析结果

Variable	Coefficient	Std. Error	z-Statistic	Prob.
C	-0.61311	0.210788	-2.908659	0.003600*
X1	0.0000759	0.00000675	11.2455	0.000000*
X2	20.92372	6.795492	3.079059	0.002100*
X3	-1.779012	0.487145	-3.651916	0.000300*
X4	0.006836	0.002167	3.154668	0.001600*
X5	1.500783	0.197684	7.591834	0.000000*

表 5-10　西部地区外生性环境因素 Tobit 模型分析结果

Variable	Coefficient	Std. Error	z. Statistic	Prob.
C	-0.115309	0.362436	-0.318151	0.750400
X1	0.0000248	0.0000113	2.200894	0.027700**
X2	-3.872025	13.36884	-0.28963	0.772100
X3	0.277947	0.871402	0.318966	0.749800
X4	0.001496	0.003088	0.48458	0.628000
X5	0.017453	0.093322	0.187014	0.851600

注:"*"表示1%的显著水平;"**"表示5%的显著水平;"***"表示10%的显著水平。

1. 区域经济发展水平

区域经济发展为农产品物流业提供了资本和人力投入支持。如表 5-8、表 5-9、表 5-10 所示,中部、西部地区经济发展水平与农产品物流技术效率水平呈现出显著的正向关系,而东部地区经济发展水平与农产品物流技术效率水平呈现出显著的反向关系。然而,观察三个地区 X1 变量的系数可以发现,三个地区的系数都非常小,几乎可以忽略,因此呈现正向关系还是反向关系没有实际意义。这一结果与王琴梅和谭翠娥(2013)、徐良培和李淑华(2013)研究所得结果较为一致。

2. 开放程度

在开放程度方面,如表 5-8、表 5-9、表 5-10 所示,农产品进出口贸易对东部和西部地区农产品物流技术效率水平均表现出了阻碍作用,尽管促进作用并不显著。中部地区则与上述两个地区不同,农产品贸易对外开放程度的扩大对农产品物流技术效率水平的提高起到了较大的促进作用,且这一作用较为显著。

3. 产业结构状况

在农产品物流技术效率影响因素框架时,本书曾指出:一般而言,区域产业结构中第三产业越发达，越有利于农产品物流业技术效率水平的提高。然而，Tobit 模型分析结果显示，东部和西部地区第三产业增加值占 GDP 比重与其农产品物流业技术效率水平呈现出正向关系，符合一般规律，但不同的是东部地区较为显著，西部地区由于第三产业相对落后，支持作用并不显著。中部地区第三产业的发展对于农产品物流业技术效率水平则体现出了显著的反向阻碍作用。

4. 信息化水平

Tobit 模型分析结果显示，信息化水平对三大地区农产品物流业技术效率水平均起到了促进作用，观察三个地区 X4 变量的系数可以发现，三个地区的系数都较小，可得出信息化水平对农产品物流业技术效率水平促进作用较小，且其中东部和中部地区促进作用更为显著，而西部地区表现并不显著。

5. 制度环境

研究结果显示，制度环境对于三大地区农产品物流业技术效率水平均起到了促进作用，其中东部和中部地区表现作用较为显著，而西部地区表现并不显著。

本章小结

在第五章中，本书首先使用回归分析的方法分析了农产品上下游产业影响因素对农产品物流技术效率水平的影响；然后利用 Tobit 模型分析了外生性环境影响因素对农产品物流技术效率水平的影响。本章的主要结论如下所示。

（1）在农产品供应链上下游产业影响因素方面：农业生产发展规模的扩大会显著地阻碍农产品物流业技术效率水平的提高；农产品零售业发展规模的扩大有利于农产品物流业技术效率水平的提高，但促进作用并不显著。农产品加工业发展规模的扩大显著地促进了农产品物流业技术效率水平的提高。

（2）外生性环境影响因素。

1）中部、西部地区经济发展水平与农产品物流技术效率水平呈现出显著的正向关系，而东部地区经济发展水平与农产品物流技术效率水平呈现出显著的反向关系。

2）农产品进出口贸易对东部和西部地区农产品物流业技术效率水平均表现出了不显著的阻碍作用，中部地区农产品贸易对外开放程度的扩大对农产品物流技术效率水平的提高起到了显著的促进作用。

3）在产业结构状况方面，东部和西部地区第三产业增加值占 GDP 比重与其农产品物流业技术效率水平呈现出正向关系，东部地区较为显著，西部地区支持作用并不显著。中部地区第三产业的发展，对于农产品物流业技术效率水平则体现出了显著的反向阻碍作用。

4）Tobit 模型分析结果显示，信息化水平对三大地区农产品物流业技术效率水平均起到了促进作用，但促进作用较小，其中东部和中部地区促进作用更为显著，而西部地区表现并不显著。

5）研究结果显示，制度环境对于三大地区农产品物流业技术效率水平均起到了促进作用，其中东部和中部地区表现作用较为出显著，而西部地区表现并不显著。

本章对农产品上下游产业发展规模影响因素和外生性环境影响因素对农产品物流技术效率水平的影响进行了测度。导致出现如此影响结果的原因将在下一章中进行深入分析。

第六章 我国农产品物流业技术效率水平影响因素作用机理分析

通过以上章节的分析，本书发现我国农产品物流业技术效率水平低下，而导致技术效率水平低下的主要因素是纯技术效率水平的低下。农产品物流业技术效率水平低下使得农产品物流业投入出现冗余，产出相应不足，特别是在资本投入方面和农产品周转量产出方面。同时，农产品上下游产业发展规模对农产品物流业技术效率产生了影响。区域经济发展水平、信息化水平、制度环境、对外开放程度、产业结构等外生性环境因素对农产品物流业技术效率水平也有一定程度的影响，而随着地区的不同，这些外生性环境影响因素的影响作用不尽相同。在本章中，将从投入、产出水平代表的直接影响因素、农产品供应链上下游产业因素、外生性环境影响因素三个方面对导致上述结果的原因进行进一步的分析，为后续农产品物流业技术效率水平提升策略的提出奠定基础。

第一节 直接影响因素作用机理分析

在第三章中，本书以资本、劳动力作为投入因素，以区域农产品货运周转量为产出因素，使用基于非径向、非角度的 SBM 模型，测度了 2000~2015 年我国内地的 28 个省级行政区域的技术效率水平，以及由技术效率分解所得的纯技术效率水平和规模效率水平。结果显示，各省级行政区域技术效率水平十分低下，而导致低下的主要原因在于纯技术效率水平的低下，规模效率则一直保持在相对较高的水平。同时，东部、中部和西部地区在农产品物流业纯技术效率水平和规模效率水平方面表现有较大的差异。

本书在第二章中阐述效率理论时曾指出，技术效率衡量的是某一 DMU 组织、运用有限的资源，使其发挥作用的能力。这种能力越强，在相同的资源投入下可以获取更大的产出，或在一定产出的基础上消耗更少的投入资源。对于资本与投入和劳动力投入这两种直接影响因素而言，本书认为，投入数量、投入质量、投入方向、使用能力、政府管制、交互影响等多个方面都会对最终的农产品物流业技术效率水平产生影响。为此，本书构建了资本和劳动力两种直接影响因素对农产品物流业技术效率水平的影响机制框架，如图6-1所示。

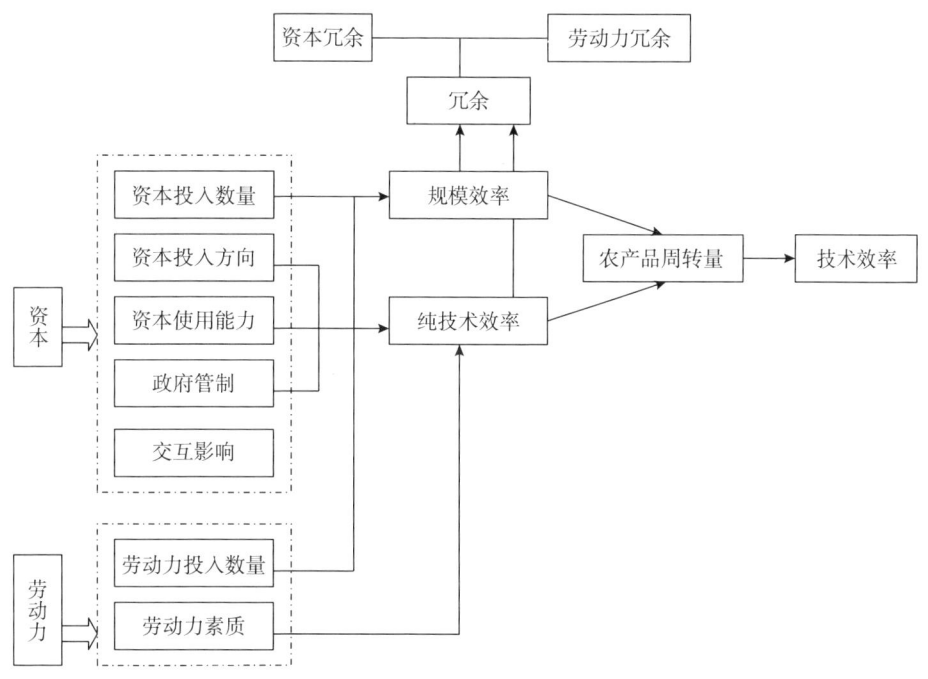

图6-1 直接影响因素对农产品物流业技术效率水平的影响机制框架

一、资本投入因素

根据图6-1，本书首先对资本投入对农产品物流业技术效率水平的影响进行分析。

（一）资本投入数量

如表3-4所示，三大地区中东部地区规模效率水平最低，其次是中部地区；最高的是西部地区。三大地区规模效率水平出现这种现状，资本投入数量是重要原因之一。在农产品物流业发展受重视程度不断加强的大环境下，东部地区经济实力雄厚，农产品物流需求最为旺盛，是国家和民间资本投入的首选热点地区，由此导致资本的大量投入，具有一定盲目性，超出地区内农产品物流业的实际需要，造成一定的浪费。以在我国农产品物流过程中承担了储存、信息交换、装卸搬运等多种角色的重要物流节点——农产品批发市场为例：目前具备一定规模的农产品批发市场在全国范围内有4300多家，东部地区拥有其中的约70%，中部地区拥有约20%，而西部地区仅有10%左右。① 大量重复建设使得许多农产品批发市场的利用率偏低，出现闲置现象。西部地区由于"西部大开发"战略所带来的政策扶持和配套资金投入，农产品物流业资本投入力度大大加强。然而西部地区农产品物流业起步晚，地区中有相当部分省级行政区域处于规模报酬递增阶段，说明其规模相对较小，而农产品和矿产资源一直是西部地区的支柱产业，农产品物流业发展和农产品物流需求之前的供给缺口相对较大，因此投入的资本数量得到完全利用（对于西部地区而言，资本投入数量不是过剩，而是有所不足）。因此，西部地区在整个研究期内都保持着最高的规模效率水平。中部地区既不具备雄厚的经济实力，又缺乏国家的倾向性政策扶持，使得该地区农产品物流业资本投入增加相对缓慢，同时其相对西部较大的农产品物流业规模也足以消耗所投入的资本，因而资本投入数量对规模效率的影响不如上述地区显著。2008年以后，随着农产品物流业市场竞争的日益激烈，单纯依靠数量投入已无法为企业带来更多的经济效益和竞争优势，农产品物流业发展从"数量"竞争转为"质量"竞争，资本投入数量得到相对控制：经过市场竞争的洗礼，部分从业主体的退出缩减了农产品物流业的资本投入数量规模；政府政策也引导资本不要盲目投入，仍以农产品批发市场建设为例，2008年"中央一号文件"即《中共中央国务院关于切实加强农业基础建设进一步促进农业发展农民增收的若干意见》提出要实施"农产品批发市场升级改造工程"，农产品批发市场由数量建设为主转为质量建设为主后，农产品批发市场的建设热情有所冷却。同时，随着农产品消费需求的进一步扩大，农产品物流需求进一步扩大，农产品物流市场空间得到较大扩展。多方面因素的综合作用，因此在2009~2015年，东部地区和中部地区农产品物流业规模效率水平都表现出上升趋势。由于经济、社会发展水平的差异，东部地区农产品物流市场空间拓展幅度远大于中部地区，因此在2009~2015年东部地区规模效率水平实现了对中部地区的反超。

（二）资本投入方向

纯技术效率考量的是组织或个人在既定的生产技术条件下，充分利用现有资源，发挥其效用的能力。对于纯技术效率，研究者一般关注的都是对资源的利用能力，殊不知资源的组成结构也非常重要。合理的资源组成结构是实现对所有资源高效利用的先决条件。目前，在资本的投入组成方面，从政府层面来看，各级

---

① 数据来自农业部市场与经济信息司2011年发布的《中国农产品批发市场发展总报告》。

政府对农产品物流业的资本投入主要用于公路、港口、机场、农产品批发市场等基础设施或硬件设施建设。从企业层面来看，资本投入则主要用于土地、车辆、建筑等方面。对于提升农产品物流业纯技术效率水平而言，在资本投入方向上存在许多问题。

1. 农产品物流信息采集、传输设备资本投入不足

农产品物流流程中各种信息是否能在农产品物流主体间快速传递、准确反馈，直接影响到农产品物流企业制定物流计划的合理性和对农产品物流活动的管理能力，而合理的物流计划和较高的管理能力是充分发挥农产品物流企业现有资源生产潜力，实现更大产出的必要条件之一。常见的物流信息采集、传输设备包括条形码技术设备、GPS 系统、GIS 系统、RFID 技术设备、物联网技术设备等。然而，由于我国农产品物流业的高度分散性，农产品物流市场中存在数量众多的中小型农产品物流企业。这些中小型农产品物流企业或由于缺乏对于物流信息重要性的认识，或由于企业自身业务规模、资金实力的局限，不愿或无力承担设备的采购和使用成本。中小型农产品物流企业在物流信息采集、传输设备投资上的明显不足，使得企业缺乏农产品物流信息支持，农产品物流计划的制定有一定盲目性，难以实现物流计划的完备、合理；同时在农产品物流活动实施过程中亦难以做到即时监督、管控，有效应对农产品物流活动中可能遇到的意外情况。物流信息采集、传输设备资本投入的不足，降低了中小型农产品物流企业的纯技术效率水平，由此可以看出整合社会零散农产品物流资源的必要性。在信息化设备装备水平上，中部和西部地区与东部地区有一定差距。

2. 专业农产品物流园区数量过少

专业农产品物流园区建设对于提升农产品物流业纯技术效率水平的作用是多方面的。第一，依托专业农产品物流园区内气调保鲜库、恒温库、冷冻库、农产品流通加工中心等农产品物流专业设施，满足农产品调节产需时间差、品质保护、加工整理等需要，有效降低在途损耗，有利于提高农产品周转量产出。第二，专业农产品物流园区可以提供农产品多式联运功能，在园区内可以快速、便捷地实现空陆、海陆、海空运输方式的切换，减少作业环节，缩短作业时间，降低作业成本，提高作业效率。第三，依托专业农产品物流园区的农产品流通加工功能，汇集多个农产品物流企业的农产品，达到一定的规模后即可使用作业能力强、自动化程度高的设备替代人工操作，提高作业效率。第四，专业农产品物流园区往往兼具农产品配送组织功能。依托农产品物流园区，农产品的装卸搬运可以使用机械化、自动化设备，减少人工作业比例，加快作业速度。农产品物流园区的配送车辆资源更为丰富，或依托园区自有车辆，或通过园区的中介作用，实现农产品物流企业与社会配送车辆直接、高效对接。同时农产品物流园区还可以

实现配送线路的合理规划。第五，专业农产品物流园区内一般都入驻有工商、税务、海关、商检、银行、保险、农产品检疫等多个政府服务部门，可以为农产品物流企业提供"一站式"服务功能。"一站式"服务的提供可以缩短农产品物流企业在这些环节耗费的时间，减少农产品运输工具的在途停滞。专业农产品物流园区在提高农产品物流业纯技术效率水平的作用是传统农产品批发市场无法替代的。然而截止到 2015 年，我国符合标准并投入运营使用的物流园区共计 857 家，其中位于东部地区的数量约占 51.8%，位于中部地区的数量约占 26.6%，位于西部地区的约占 21.6%，其中专业农产品物流园区比例极少。① 由此可以看出我国专业农产品物流园区数量过少，且分布不均衡，主要集中在东部地区。

3. 经济欠发达地区农产品配送中心建设力度不足

农产品物流完成了农产品"从田头到餐桌"的流动过程。组成农产品物流流程的环节众多，农产品物流流程的整体纯技术效率水平取决于效率最低的某一环节。作为农产品物流流程中最后一个环节的农产品配送，其效率对整体效率有着重要影响。专业物流园区虽然也具备农产品配送功能，但物流园区建设要求高，在很多情况下仍需依靠农产品配送中心来完成配送工作。在经济较为发达的东部地区，大型连锁超市自营配送中心或实力较为雄厚的社会化农产品配送中心可以承担农产品配送的工作，但在经济相对落后的中西部地区，特别是在三线、四线城市，农产品配送中心的建设力度明显不足。

综上所述，无论是在农产品物流信息采集、传输设备装备方面，还是在专业农产品物流园区建设方面以及农产品配送中心建设方面，东部地区均占有一定优势，中部和西部地区相对落后。当然，在研究后期，随着中部和西部地区农产品物流业的发展，东部地区在资本投入方向上的优势正在逐渐缩小。

(三) 资本使用能力

资本使用能力主要反映了从业者如何最大限度发挥现有农产品物流业固定资产的生产潜力，获得最大农产品周转量产出的能力，因此资本使用能力越高，纯技术效率水平也相应越高。具体来说，资本使用能力主要包括三个方面：一是根据现有资源数量、种类、作业能力的特点，合理规划、设计农产品物流流程的能力；二是基层作业人员对农产品物流计划的执行能力；三是管理层在农产品物流活动进行过程中对人员、设施、工具、设备的控制能力和遇到意外情况时的协调能力。这三方面能力中尤以规划设计能力和控制协调能力更为关键。东部地区地理范围宽广，地形地貌、气候条件多变，同时还要满足数量庞大的农产品进出口贸易需求，因此农产品物流流程距离远，环境复杂，出现意外的可能性更大。同

---

① 数据根据中国物流与采购联合会 2015 年 7 月发布的《第四次全国物流园区（基地）调查报告》整理得来。

时，东部地区农产品种类繁多，蔬菜、水果、水产品等易损农产品比例相对较高。西部地区农产品主要供应东部和中部市场，以及出口中亚等国外市场。西部地区农产品中肉制品、奶制品、瓜果蔬菜、特色中药材等易损农产品比例同样相对较高。因此，从农产品物流活动难度的角度来衡量，和中部地区相比，东部地区和西部地区在资本使用能力上要高出一等。

（四）政府管制

政府管制对于农产品物流业纯技术效率水平的影响可以表现在以下三个方面。第一，政府制订的关于农产品物流业运行的管理政策、制度或法规是农产品物流主体在从事农产品物流活动时必须遵守和执行的。合适的政策、制度、法规是农产品物流活动顺利实施的有力保障，不合适的政策、制度、法规反而会掣肘农产品物流流程的正常进行。第二，一般来说市场机制的自我调节作用能够实现农产品物流效率的提高。但是，对于尚处于发展起步阶段的我国农产品物流业而言，市场发育并不十分完善，市场机制的调节作用仍有不足，需要政府部门介入其中，鼓励市场的有序竞争，整顿市场秩序。第三，提高农产品物流纯技术效率水平的必需条件之一是建设适应我国农产品物流业发展的工作标准和技术标准体系，以提高作业的标准化、规范化程度，而标准的建立和推广需要政府的支持。

目前，在农产品物流业发展过程中，政府管制方面仍存在诸多问题。举例来说，首先，物流业的主管部门五花八门，包括发改委、商务厅、交通厅、经信厅等，农产品物流业的发展还要接受农业部门的指导，具体的业务活动中工商、税务、公安、动植物检疫等多个部门也有"话语权"。"政出多门"带来的后果就是各部门缺乏协调、沟通。以运输基础设施的规划建设为例，各种运输方式规划的节点大多是分立的。在许多具备同时建设多种运输枢纽条件的地区，各种运输方式枢纽的建设缺乏综合性、一体化考虑，各种运输方式之间无法高效转接，阻滞了物流进程的流畅运行，加大了物流费用支出，降低了物流活动运作的纯技术效率水平。同时，多个部门出台的政策、制度、法规出现相互抵触甚至相互矛盾的现象，而企业则无所适从。也正是因为"政出多门"，导致"有权无责，权责不一致"问题，在管理农产品物流市场时往往是出了问题谁也不管，或者只能解决一个方面、一个部分的问题。农产品物流市场的有序运作无法得到根本保证。其次，我国至今仍未建立起适应农产品物流发展的标准体系，不同运输方式和不同区域之间标准不一，严重影响了农产品物流业纯技术效率水平的提高。

显然，在政府管制方面，东部地区有一定的优势。需要指出的是，研究初期，西部地区农产品物流业由于起步较晚，在相关政策制定、运输基础设施规划建设等方面可以充分借鉴东部和中部地区的成功经验或失败教训，处于初级阶段的农产品物流业在制定政策、规划时各部门协调难度相对较小。更为关键的是，西部地区农产品物流业发展较小的发展规模使得市场管控较为容易。因此，在这一阶段政府管制问题在西部地区农产品物流业发展中得到一定掩盖，负面影响相对较小。但随着时间的推进，农产品物流业发展达到一定规模后，相较于其他地区，西部地区在政府管制方面的不足逐渐暴露出来。

（五）溢出影响

这里所说的"溢出影响"，是指在农产品物流资本利用方面的知识、经验、方法、技巧从纯技术效率水平较高的农产品物流从业主体向水平相对较低主体的扩散、传播。随着经济、社会的发展，农产品生产地和消费地之间的距离不断扩大，农产品物流活动覆盖的地理范围越来越广泛。不同纯技术效率水平的农产品物流从业主体之间的交流、合作日益频繁和深入。在这一过程中，高水平主体对水平相对较低主体的示范、传播作用越来越明显，溢出影响显著。从第四章的研究结果中可以发现，各省级行政区域农产品物流业技术效率水平变化的趋势是一致的，即"一升俱升，一降俱降"，说明农产品物流业技术效率水平较高的区域对周边区域有较强的辐射、影响作用。在三大地区中，东部地区农产品物流业纯技术效率水平整体最高，溢出影响首先发生在东部地区内部，再逐步扩散至与东部地区毗邻的中部地区。因此，本书第三章中关于农产品物流效率高水平区域集聚问题的研究结果显示，高水平区域集聚形成的效率水平高值地带多分布在东部和中部地区。西部地区由于地理距离的原因，溢出影响的作用相对弱化。

二、劳动力投入因素

在完成资本投入的分析以后，本书继续就劳动力投入对农产品物流业技术效率水平的影响展开分析。

（一）劳动力投入数量

类似于资本投入数量，劳动力数量对于农产品物流业规模效率水平也会产生影响。东部地区农产品物流业发展水平相对较高，能够提供更为优越的工作环境和薪酬水平，同时东部地区拥有良好的居住、生活条件，从而对其他地区劳动力资源产生较大吸引力。农产品物流业劳动力资源向东部地区集中的倾向明显，但由此也导致了劳动力资源相对于其农产品物流业规模而言的过度囤积，影响了该地区的规模效率水平。西部地区则由于收入水平、工作和生活条件等原因，对于农产品物流从业人员的吸引力不够，从业人员向其他地区特别是东部地区外流现象较为严重，劳动力投入数量相对较少。对于地区内相当一部分区域处于规模效率递增阶段的西部地区来说，劳动力投入数量的有所不足在一定程度上影响了其规模效率水平。中部地区一定程度上也存在类似的劳动力资源囤积问题，但不如东部地区表现得更为明显。东部地区的农产品物流业劳动力投入数量相对过剩和西部地区的相对不足，也是这两个地区规模效率水平不如中部地区的原因之一。但到了2008年以后，随着西部地区对人才引进力度的不断加强，人才待遇水平的提高，同时西部地区农产品物流业发展的巨大上升空间和机遇，吸引了东部劳动力资源向西部地区的流动。这种流动使得东部、中部地区劳动力资源投入"过剩"得到缓解。同时，2008年之后农产品物流市场空间的扩展需要更多的劳动力资源投入。这使得东部和中部地区农产品物流业规模效率水平与西部地区的差距大为缩小。

（二）劳动力素质

劳动力素质对于纯技术效率水平的影响不言而喻。拥有高素质的农产品物流劳动力资源才能更好地完成农产品物流活动规划、设计，才能更好地执行所指定的物流计划，从而提高对资本的使用能力，最终提升农产品物流业的纯技术效率水平。然而，劳动力素质问题一直是困扰我国农产品物流业发展的难点问题之一。虽然我国许多大学已开设了物流管理、物流工程类专业，培养了一定数量的物流专业专业人才，但真正从事农产品物流的并不多。大量文化素质低下、专业技能缺乏的从业者降低了我国农产品物流业劳动力资源的素质水平，如集中在各类农产品批发市场周围，数量庞大的从事运输、仓储等某一农产品物流环节的小型运输商、仓储商及其雇员。相对而言，东部地区农产品物流业起步较早，市场竞争更为激烈，从而培养、积累了数量相对较多的农产品物流专业人才；加之东部地区教育、科研、培训资源的地区优势，东部地区农产品物流业劳动力素质水平在整个研究期内都要高于其他两个地区。从历史的角度看，中部地区的劳动力素质水平高于西部地区，但在以规模扩张为主要发展方式的我国农产品物流业发展初期，劳动力素质的作用体现得并不明显。然而，到了研究的后期，特别是2006年国家提出建设现代物流业之后，劳动力素质在提高纯技术效率水平方面的作用体现得越来越明显。必须指出的是，随着"西部大开发"战略中吸引人才和发展科技教育的政策不断落实，以及在中央政府和西部地区各级政府在人才引进、人才队伍建设方面各项措施的出台，西部地区和其他两个地区在农产品物流业劳动力素质水平上的差距在缩小。

农产品周转量受到资源投入数量和资源利用程度的两方面影响。当资源投入数量合理（规模效率高）、资源利用充分（纯技术效率高）时，即可提高农产品周转量，最终获得更高的农产品物流业技术效率水平。

综上所述，资本投入和劳动力投入对规模效率和纯技术效率影响的相关结论如下：

（1）规模效率。在资本投入数量方面，东部和中部地区存在资本投入数量过多和劳动力资源过度囤积的问题；而西部地区快速发展的农产品物流业较好地消化了所投入的资本和劳动力资源，投入没有出现过剩，而是有所不足，由此使得西部地区在研究期内保持了最高的规模效率水平。到了研究后期，随着竞争焦点由"数量"转为"质量"，有效遏制资源的过度投入，同时农产品物流产业快速扩大的规模也进一步也稀释了资源过度投入程度，因此三大地区规模效率水平差距大为缩小。2008年之后，东部地区农产品物流市场空间拓展幅度远大于中部地区，因此东部地区实现了对中部地区在规模效率水平方面的反超。

(2) 纯技术效率。东部地区在资本投入方向、资本使用能力、政府管制、溢出影响、劳动力素质等各方面都要优于其他地区，因此其农产品物流业纯技术效率水平都要优于其他两个地区。和中部地区相比较，西部地区在资本投入方向方面表现持平，在资本使用能力和政府管制方面表现占优，在劳动力素质和溢出效应方面表现不如中部地区。因此，在研究初期的一段时间内，两个地区纯技术效率水平较为接近；而到了研究后期，西部地区政府管制方面的不足逐渐暴露，因此西部地区纯技术效率水平开始落后于中部地区。

第二节 农产品供应链上下游产业影响因素作用机理分析

在第五章第一节的分析中，本书发现农业生产发展规模的扩大会显著地阻碍农产品物流业技术效率水平的提高；农产品零售业发展规模的扩大有利于农产品物流业技术效率水平的提高，但促进作用并不显著。农产品加工业发展规模的扩大显著地促进了农产品物流业技术效率水平的提高。

正如第三章第三节中研究结果所示，2000~2015年，我国内地的28个省级行政区域内处于规模效率递增阶段的区域数量比例不断增长，因此当农产品供应链上下游产业发展规模扩大，放大了对农产品物流的需求，吸引更多资本和劳动力资源投入农产品物流业时，规模效率水平随之提高。

在农产品物流业的发展过程中，物流模式也在不断创新、变革，出现了以大型连锁超市或农产品加工企业为核心的模式、以农产品物流园区为核心的模式、以第三方物流企业为核心的模式等多种新模式，但我国目前主要的农产品物流模式仍是以农产品批发市场为核心的模式。农产品批发市场作为农产品集散地，起着连通农产品供应链上下游产业的桥梁作用，是农产品物流运作的中心枢纽，其结构如图6-2所示。这种农产品物流模式在实际运行过程中已暴露出诸多弊端。

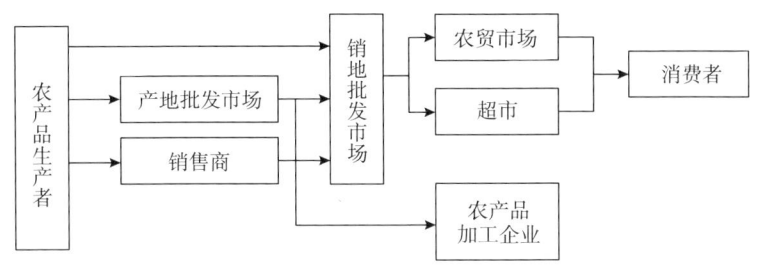

图 6-2 以批发市场为核心的农产品物流模式

首先，物流渠道长，环节众多，农产品装卸、搬运、出入库作业重复性高，加大了农产品物流的人力和资本投入，却没有提高农产品周转量产出。农产品的频繁装卸，导致农产品在途损耗严重，又进一步降低了农产品周转量产出。

其次，农产品物流过程参与主体多，自营比例过高，使得物流作业高度分散，难以实现规模效应。虽然在农产品物流业发达地区，农产品第三方物流企业、农产品物流能力较为突出的大型连锁超市和农产品物流园区承接一部分社会农产品物流业务，可以达成规模化运作，但大部分农产品物流业务都是由模式中的农业生产大户、农民经纪人、贩销大户、各种类型批发企业等从业组织、个人以自营的方式完成，或委托给批发市场周边的运输商、仓储商等单一功能性物流服务商完成。以上这些从业组织、个人以及单一功能性物流服务商数量庞大，因此虽然农业生产水平的提高和居民消费需求的增长造就了农产品零售业的庞大规模，但由此产生的物流需求却是以高度分散的方式来满足的，没有取得应有的规模经济效益。此外，分散、彼此孤立的农产品物流作业方式导致节点之间衔接不畅，无法进行统一的规划和管理，使得农产品"从田头到餐桌"的物流过程中整体运作效率低下。

再次，无论是自营物流的从业组织、个人，还是接受委托的运输商、仓储商等单一性物流服务商，受限于自身素质和能力水平，农产品物流活动的规划、组织、实施、监督能力较为缺乏，难以组织、管理高水平的物流作业，特别是在应对农产品物流需求不确定性方面。农产品生产周期长，季节性强，生产过程中除了人的劳动因素外，还受到农作物和动物生命活动的复杂多变性、土壤、气候等多种因素的影响，因此市场对农产品数量、种类的需求是动态变化的，由此产生的物流需求也具有较大的不确定性。现有模式中自营物流的各类组织、个人，以及接受委托的运输商、仓储商等单一性物流服务商明显缺乏这种高效应对不确定需求的能力。以批发市场为核心的农产品物流模式中自营物流的从业组织、个人和单一性物流服务商的广泛存在，拉低了农产品物流业的整体纯技术效率水平。

最后，在图 6-2 所示模式中，农产品物流过程中信息流动不畅，失真的可能性较大。近年来，信息技术开始在农产品物流领域得到应用和推广。农产品销售企业、中介组织和产销大户都建立自己的网页，大量与农产品物流相关的网站也不断涌现，比如订单管理系统、仓库管理系统等物流信息系统在一些农产品物流企业得到了应用。然而，就总体而言，农产品物流信息化水平仍处于较低水平，缺乏针对所有农产品物流参与主体的有效信息沟通机制。生产、销售、市场需求等信息不能在整个模式中各节点间及时共享，而是逐级传递的，失真的可能性较大。农产品物流业的从业主体由于缺乏信息支持，物流作业活动有一定盲目性，降低了物流作业活动的纯技术效率水平。

近年来，农产品零售领域出现了许多实力较为雄厚的大型连锁超市企业。在大型连锁超市企业中"农超对接""订单农业"等直购模式使用比较普遍。直购模式可以绕过批发市场，直接从农产品生产者手中收购产品，组织较大规模的农产品物流活动。大型连锁超市企业为完成超市配送、补货的需求，具备较强的物流组织能力。即使自身物流能力有所不足，凭借其较大的物流需求规模，也可以选择物流能力水平相对更高的第三方物流企业作为外包合作对象。因此，大型连锁超市企业直购模式下的农产品物流往往保持了相对较高的纯技术效率水平。农产品零售业所呈现的这种发展态势使得农产品零售业规模的扩大开始表现出对纯技术效率水平提高的促进作用。可以预计，当大型连锁超市企业在农产品零售市场中占据到一定份额后，农产品零售业发展规模扩大对农产品物流业技术效率水平的提高会体现出显著的促进作用。

在农产品加工业方面，农产品加工企业直接从产地批发市场购进农产品，或通过"公司+农户+基地"等方式直接从农产品生产者处大量购进农产品，通过自营或外包方式完成农产品物流，因而体现出与大型连锁超市企业类似的特点。有所不同的是，这种农产品物流模式已成为农产品加工产业内的基本模式。因此，农产品加工业发展规模的扩大体现出对农产品物流纯技术效率水平提高有较为明显的促进作用。

第三节 外生性环境影响因素作用机理分析

根据第五章第二节中的分析结果，区域经济发展水平、开放程度、产业结构状况、信息化水平、制度环境等外生性环境影响因素对东部、中部和西部地区农产品物流业技术效率水平产生的影响作用各不相同。在本节中，将对导致不同影响作用的原因进行深入分析。

(一) 区域经济发展水平

区域经济发展可以为农产品物流业提供资本和人力投入支持。根据表5-4、表5-5、表5-6所示，中部、西部地区经济发展水平与农产品物流技术效率水平呈现出显著的正向关系，而东部地区经济发展水平与农产品物流技术效率水平呈现出显著的反向关系，但三个地区X1变量的系数都非常小。这意味着区域经济发展水平与农产品物流业技术效率水平之间相关性较小。出现X1系数过小的原因主要在于和工业品物流相比，农产品物流在全社会物流总额中所占比例过低，农产品物流"第三利润源泉"的作用不如工业品物流明显。因此近年来虽然农产品物流业发展日益受到重视，但和工业品物流相比，对农产品物流的关注度和投资力度相对不足，导致区域经济发展的成效在农产品物流业中并未体现。

(二) 开放程度

在对外开放程度影响方面，农产品进出口贸易对东部和西部地区农产品物流技术效率水平均表现出了不显著的阻碍作用，中部地区农产品贸易对外开放程度的扩大对农产品物流技术效率水平的提高起到了显著的促进作用。

随着对外开放程度的扩大，高水平外资农产品物流企业进入中国市场，对于中国农产品物流技术效率水平产生了两方面的影响：一方面，DEA模型所计算的技术效率是相对效率，指的是决策单元与生产前沿面的距离，外资企业的进入使得生产前沿面外移，其余企业相对生产前沿面的距离加大，从而降低了整体技术效率水平；另一方面，外资农产品物流企业先进技术和管理经验的扩散及传播有利于本土企业技术效率水平的提高。中部地区由于地理位置和农产品类型的原因，中部地区农业生产以土地密集型产品为主，农产品进出口以粮食类产品为主，水果、鲜冻肉类、乳制品等鲜活、易腐农产品比例较低。粮食类产品物流难度相对较小，本土企业在这一领域技术效率水平与国外企业差距不大，外资农产品物流企业进入后对技术效率水平主要体现的是正面的促进作用。东部地区经济发展水平高，每年都有数量庞大的水果、蔬菜、水产品等劳动密集型产品出口国外；同时，对于国外水果、鲜冻肉类、乳制品等高附加值农产品的消费水平增长非常迅速。水果、蔬菜、水产品、鲜冻肉类和乳制品等产品基本都需要进行冷链物流，基础设施投入要求高，运作难度大，本土企业在冷链物流领域与国外企业差距明显。因此，受中国市场发展空间的吸引，国外冷链物流企业的大举进入带来的主要是负面影响。然而，本土企业在冷链物流领域的发展脚步也在加快，虽然总体上还处于小、散、乱的格局，但引资、整合的力度不断加大，一些食品药品行业的大型企业利用自有资源，也进入了冷链物流市场。这在一定程度上抵消了外资企业带来的负面影响，使得农产品进出口贸易对东部地区农产品物流技术效率水平虽表现出了阻碍作用，但并不显著。西部地区的情况与东部地区较为接近。西部地区农产品进出口贸易以出口为主，多为水果、鲜冻肉类、乳制品等产品。相较于东部地区，西部地区本土企业实力更为薄弱，因此外资企业的进入带来的负面影响更为明显。

（三）产业结构状况

在产业结构状况方面，东部和西部地区第三产业增加值占GDP比重与其农产品物流业技术效率水平呈现出正向关系，东部地区较为显著，西部地区支持作用并不显著。中部地区第三产业的发展对于农产品物流业技术效率水平则体现出了显著的反向阻碍作用。

在分析区域农产品物流业技术效率水平的外生性环境影响因素时，本书曾指出：一般而言，区域产业结构中第三产业越发达，越有利于农产品物流业技术效率水平的提高。然而，中部地区第三产业的发展对于农产品物流业技术效率水平体现出了显著的反向阻碍作用。究其原因，随着东部地区加快发展服务业，提高第三产业在地区生产总值中的比重，工业比重稳步趋降，工业项目向中部地区转移趋势明显。为迎合这一趋势，中部地区物流业以服务于工业升级、转型为中心的发展趋势表现得十分明显，并由此衍生出物流信息服务支持、物流技术支持、物流金融支持等多种需求，对于金融业、保险业、信息咨询服务业、各类技术服务业等第三产业子行业的发展起到了有力的带动作用。因此，现阶段第三产业发展对于物流业的支持主要表现在工业品物流方面。与之形成鲜明对比的是，为保证城镇居民生活，我国长期执行低水平的农产品定价政策，农产品物流的利润空间远小于工业品物流（工业品物流总额通常可占到社会物流总额的90%，而农产品物流总额长期徘徊在5%左右），因此，金融业、保险业、信息咨询服务业、各类技术服务业等第三产业子行业对于农产品物流的支持力度不足。农产品物流业的规模在逐年扩大，却没有得到足够的第三产业支持，因此，第三产业的发展并没有对技术效率水平起到促进作用。

（四）信息化水平

Tobit模型分析结果显示，信息化水平对三大地区农产品物流业技术效率水平均起到了促进作用，但促进作用较小，且其中东部和中部地区促进作用更为显著，而西部地区表现并不显著。

导致信息化水平促进作用较小的原因是多方面的。首先，农产品物流公共信息平台发展滞后。目前，物流公共信息平台已成为物流信息发布、获取的重要渠道，出现了许多在物流实践中获得好评的物流公共信息平台，如南方智能货运公共信息平台等，但农产品物流公共信息平台数量较少，而现有物流公共信息平台对农产品物流支持力度明显不足。其次，信息的真实性、权威性无法保证。大多数物流信息平台多由企业投资建设并负责日常管理。由于受企业商业利益动机驱动，信息的真实性、权威性受到影响。发布在企业自有网站上的农产品物流信息同样也存在这个问题，信息的可信度只能寄希望于发布企业的诚信程度。最后，信息共享程度低。为满足发展需求，农产品物流园区或物流中心、大型农产品物流企业非常重视信息化工作的推进，纷纷自行开发物流信息系统，但信息的发布和获取仅限于企业内部、成员企业或合作伙伴之间。信息系统开发标准也不一致，"孤岛化"倾向明显，信息共享程度与信息共享需求不匹配的问题越来越突出。

（五）制度环境

一般认为，由于产权制度的差异，导致国有企业存在产权主体缺位、多级委托代理管理体制、政企不分、分配方式缺乏激励等弊端，非国有企业在效率方面要优于国有企业。但本书使用 Tobit 模型分析的结果显示，制度环境因素——国有率对制度环境对于三大地区农产品物流业技术效率水平起到了促进作用，其中东部和中部地区表现作用较为显著，而西部地区表现并不显著。这与田刚和李南（2011）关于物流业技术效率影响因素的研究结果有一定相似之处。为了提高国有企业运营效率水平，应对非国有企业的竞争压力，党的十六届三中全会以来，国家一直在推进国有企业产权制度改革，着力建设"归属清晰、权责明确、保护严格、流转顺畅"的现代产权制度，并以此为基础，以"产权清晰、权责明确、政企分开、管理科学"为目标加强国有企业现代企业制度建设。我国国有企业现代产权制度的基本模式和路径是通过股份制改造、兼并重组、合资经营等多种方式，改变国有企业的资本架构，实现投资主体多元化，推动公有资产的流动、重组，优化国有资本的配置，使变革后的国有控股企业和国有参股企业形成合理的内部治理机构，明确国有资产责任主体，从而提高国有资本的运营效率。随着国有企业现代产权制度改革的深入，国有制不再一定是"低效率"的代名词。西部地区由于经济基础较为薄弱，国有企业比重过大，国有企业改革力度和进展相对滞后，因此制度环境因素的促进作用并不显著。

本章小结

本章主要是从直接影响因素、农产品供应链上下游产业影响因素、外生性环境影响因素三个方面对各种影响因素的作用机理进行了分析。本章的基本结论如下：

（1）在直接影响因素方面，资本投入数量、劳动力投入数量对农产品物流业的规模效率有一定影响。资本投入方向、资本使用能力、政府管制、溢出影响、劳动力素质等因素对农产品物流业纯技术效率水平有影响。

（2）在农产品供应链上下游产业影响因素方面，农产品供应链上下游产业发展规模的扩大对规模效率体现的主要是促进作用。以批发市场为核心的农产品物流业模式存在环节多、高度分散、从业者素质低下、信息流动不畅且失真可能性较大等诸多弊端，因此农业发展规模的扩大妨碍了纯技术效率水平的提高，而农产品零售业和农产品加工业中使用的新物流模式较好地解决了这些问题，其规模的扩大均对农产品物流业纯技术效率水平的提高起到了促进作用。

（3）外生性环境影响因素对三大地区农产品物流业技术效率水平表现出了不同的作用。

1）和工业品物流相比，对农产品物流的关注度和投资力度相对不足，导致区域经济发展的成效在农产品物流业中并未体现，使得区域经济发展水平对三大地区农产品物流业技术效率水平的影响非常小。

2）在对外开放程度影响方面，由于农产品进出口品种结构的原因，高水平农产品物流企业技术效率水平在不同地区体现的作用截然不同：对外开放程度对中部地区农产品物流业技术效率水平表现出显著的促进作用，而东部地区和西部地区则表现出不显著的阻碍作用。

3）在产业结构状况方面，中部地区物流业以服务于工业升级、转型为中心的发展趋势表现得十分明显，金融业、保险业、信息咨询服务业、各类技术服务业等第三产业子行业对于农产品物流的支持力度不足。因此，东部和西部地区第三产业增加值占 GDP 比重与其农产品物流业技术效率水平呈现出正向关系，东部地区较为显著，西部地区支持作用并不显著。中部地区第三产业的发展对于农产品物流业技术效率水平则体现出了显著的阻碍作用。

4）农产品物流公共信息平台发展滞后、信息的真实性和权威性无法保证以及信息共享程度低的弊端，使得信息化水平提高对农产品物流业技术效率水平的促进作用力度较小。

5）由于国有企业产权制度改革的推进，制度环境因素——国有率对制度环境对于三大地区农产品物流业技术效率水平起到了促进作用。

第七章　主要结论、研究展望与策略建议

第一节　本书主要结论

综合前文所作研究，本书的主要结论如下：

（1）在研究期内，28个省级行政区域的农产品物流业技术效率值均十分低下，一直处于无效率的状态。从东部、中部到西部，我国农产品物流业技术效率水平呈递减状态，符合我国内地经济发展的整体格局。与技术效率水平相类似，28个省级行政区域的农产品物流业纯技术效率整体水平较低，大部分区域处于纯技术效率的无效状态。纯技术效率的变化趋势与技术效率的变化趋势较为相似。全国及三大地区农产品物流业规模效率平均值的轨迹曲线总体比较平缓，研究后期表现出一定的上升趋势，基本都保持在0.7以上的较高水平。因此，技术效率水平低下的主要原因在于纯技术效率。此外，在研究期内，农产品物流业技术效率水平较高的省级行政区域表现出集聚倾向，集聚的"热点"显著区域及周边相邻区域所形成的高值地带主分布在东部地区和中部地区。

（2）农产品供应链上下游产业影响因素和外生性环境影响因素对我国农产品物流业技术效率水平均产生了影响。

在农产品供应链上下游产业影响因素方面：农业生产发展规模的扩大会显著地阻碍农产品物流业技术效率水平的提高；农产品零售业发展规模的扩大有利于农产品物流业技术效率水平的提高，但促进作用并不显著。农产品加工业发展规模的扩大显著地促进了农产品物流业技术效率水平的提高。

在外生性环境影响因素方面，影响作用如下：

①中部、西部地区经济发展水平与农产品物流技术效率水平呈现出显著的正向关系，而东部地区经济发展水平与农产品物流技术效率水平呈现出显著的反向

关系。②农产品进出口贸易对东部和西部地区农产品物流技术效率水平均表现出了不显著的阻碍作用，中部地区农产品贸易对外开放程度的扩大对农产品物流技术效率水平的提高起到了显著的促进作用。③在产业结构状况方面，东部和西部地区第三产业增加值占GDP比重与其农产品物流业技术效率水平呈现出正向关系，东部地区较为显著，西部地区支持作用并不显著。中部地区第三产业的发展对于农产品物流业技术效率水平则体现出了显著的反向阻碍作用。④Tobit模型分析结果显示，信息化水平对三大地区农产品物流业技术效率水平均起到了促进作用，但促进作用较小，且其中东部和中部地区促进作用更为显著，而西部地区表现并不显著。⑤制度环境对于三大地区农产品物流业技术效率水平均起到了促进作用，其中东部和中部地区表现作用较为显著，而西部地区表现并不显著。

（3）在直接影响作用机理方面，资本投入数量、劳动力投入数量对农产品物流业的规模效率有一定影响；资本投入方向、资本使用能力、政府管制、溢出影响、劳动力素质等因素对农产品物流业纯技术效率水平有影响。

（4）在农产品供应链上下游产业影响因素作用机理方面，由于现行以批发市场为核心的农产品物流模式存在环节多、高度分散、从业者素质低下、信息流动不畅且失真可能性较大等诸多弊端，使得农业生产发展规模的扩大妨碍了技术效率水平的提高；而各类直购模式的应用使得农产品零售业和农产品加工业发展规模的扩大促进了技术效率水平的提高。

（5）在外生性环境影响因素作用机理方面：①对农产品物流的关注度和投资力度相对不足，使得区域经济发展水平对三大地区农产品物流业技术效率水平的影响非常小。②由于农产品进出口品种结构的原因，高水平农产品物流企业技术效率水平在不同地区体现的作用截然不同：对外开放程度对中部地区农产品物流业技术效率水平表现出显著的促进作用，而东部地区和西部地区则表现出不显著的阻碍作用。③在产业结构状况方面，中部地区物流业以服务于工业升级、转型为中心的发展趋势表现得十分明显，第三产业对于农产品物流的支持力度不足。因此中部地区第三产业的发展对于农产品物流业技术效率水平体现出了显著的阻碍作用，而东部和西部地区第三产业增加值占GDP比重与其农产品物流业技术效率水平呈现出正向关系。④农产品物流公共信息平台发展滞后、信息的真实性和权威性无法保证以及信息共享程度低的弊端使得信息化水平提高对农产品物流业技术效率水平的促进作用力度较小。⑤由于国有企业产权制度改革的推进，制度环境因素——国有率对制度环境对于三大地区农产品物流业技术效率水平均起到了促进作用。

第二节 未来研究展望

截止到目前,对于农产品物流业技术效率水平的研究并不充分,本书对其的研究也只是开始。放眼未来,将在以下五个方面进行更为深入的研究。

(1)本书的研究时段局限于 2000~2015 年,为了更有效地分析农产品物流业技术效率水平及变化规律,并以此为基础进行空间差异分析,未来将进一步加大时间跨度,以得到更为准确的分析结果。

(2)本书选择人力、资本作为投入指标,选择了农产品周转量作为产出指标,选择了 DEA 的方法进行效率研究。改变指标的设置和效率的测度方法,如引入运输线路长度、交通工具保有量、农产品物流业总值、农产品物流业增加值等其他投入、产出指标,或者使用 SFA 等其他效率量度方法,结论可能会有差异。在今后的研究中,将关注差异的程度,并进一步探寻差异产生的原因。

(3)为保证数据的真实性和准确性,本书在考虑农产品物流业技术效率水平影响因素时,均确保能从统计年鉴等各类权威数据来源中获取相关数据。因此,由于无法获取农产品物流组织化水平、社会化水平等因素的相关数据,没有将其纳入考虑范围。在后续研究中,将尝试采用实地调研等方式来获取这些数据,以扩大影响因素范围,使得技术效率水平测度结果更为精确。此外,在本书研究过程中,一共考虑了三类影响因素:直接影响因素、农产品供应链上下游产业影响因素、外生性环境影响因素。这三类影响因素中哪些因素作用更为显著,以及彼此之间是否存在交互作用尚不明确。如果存在交互作用,其作用机理需要更为深入的研究。以上问题有待于未来继续研究。

(4)由于无法获得相关数据支持,本书未研究农产品物流业的配置效率,只能寄希望于未来统计数据的丰富和完善。

(5)"它山之石,可以攻玉",将国外农产品物流业技术效率水平及空间差异、影响因素与国内进行对比,寻找可供借鉴的成功之处也是未来应该继续研究的方向。

我国农产品物流业技术效率水平提升策略研究

第三节 我国农产品物流业技术效率提升策略建议

根据本书前述章节的研究结果，我国农产品物流业发展过程中暴露出技术效率水平低下、存在投入冗余和产出不足、农业发展规模阻碍了农产品物流技术效率水平的提高等问题。在研究过程中同时发现，区域经济发展水平、开放程度、产业结构状况、信息化水平、制度环境等外生性环境影响因素对农产品物流业技术效率水平都产生了一定的影响，其作用的方向和显著性则随东部、中部和西部地区的不同而变化。在所得研究结果的基础上，本书力图给出提升我国农产品物流业技术效率水平的策略。

一、构建农产品物流团购模式

农产品物流业在我国发展历史并不长。和工业品物流相比，农产品物流分散程度较高。这使得我国农产品物流产业组成中大型农产品物流企业不多，中小型农产品物流企业的比例仍然较高。和大型农产品物流企业相比，中小型农产品物流企业在提升技术效率水平上存在两个问题：在资本投入方向上，中小型农产品物流企业往往无力承担农产品物流信息采集、传输设备高昂的购置和使用成本，因此农产品物流信息采集、传输设备的装备水平较差，影响了纯技术效率水平的提高；在资本使用能力上，中小型农产品物流企业在农产品物流活动规划的设计能力和物流计划执行过程中的控制协调能力两个方面存在较为明显的短板。此外，众多中小型农产品物流企业的分散运营也不利于规模效率水平的提高。

"物流团购"是近几年出现的一种新型的物流运作模式。"物流团购"模式的实质是通过构建基于互联网O2O（Online To Offline）方式的第四方物流公共交易服务平台，实现物流需求方和物流供应方零距离接触，帮助物流供应链上游的生产、制造、商贸企业降低物流成本，帮助下游中小型物流企业增加货源；同时，为物流供需双方提供从物流配送、资金代收、账务报表、融资贷款、交易撮合到业务管理等一体化综合服务。

"农产品物流团购"模式的框架如图7-1所示。

模式中的会员分为两类：作为农产品物流需求方的种养大户、农产品流通企业、农产品加工企业；作为农产品物流供给方的中小型农产品物流企业。会员通过PC或APP方式进行会员登录后，需求方通过商家管理系统链接到电商平台，

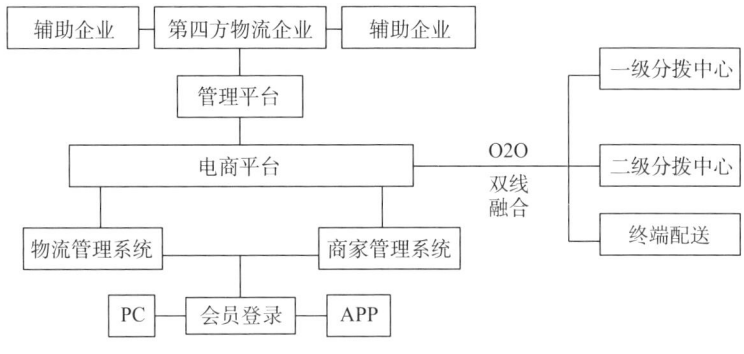

图7-1 农产品物流团购模式

供给方通过物流管理系统链接到电商平台。物流管理系统是农产品物流团购模式为中小型农产品物流企业提供的一体化管理工具,含业务管理、订单管理、财务报表、交易撮合、资金结算等多种功能,帮助物流企业降低业务运营成本、提高业务管理效率,轻松实现交易电子化管理。商家管理系统是农产品物流团购模式为农产品物流需求方提供的业务管理工具,可以实现在线下单、物流发货、账务管理、报表查询、资金结算等功能,方便企业和管理方随时了解交易订单和资金情况。需求方根据自身农产品特点、数量、起止地、时间、服务方式等因素选择电商平台上展示的一个或若干个中小型农产品物流企业。双方达成交易意向后,订单通过电商平台在线传递到管理平台,第四方物流企业根据订单内容设计、制定详细的物流方案,交由农产品物流供给方执行。至此线上交易阶段完成,转入线下执行阶段。在这个阶段,中小型农产品物流企业根据自身规模、物流能力、业务覆盖范围等因素的差异,分别扮演不同的执行角色,构建起三级农产品物流网络。第四方物流企业通过信息服务企业提供的各种信息技术手段,实时监控中小型农产品企业的方案履行情况,并通过物流管理系统发布管理指令,应对农产品物流过程中的意外情况。同时,借助金融辅助企业的支持,农产品物流团购模式可以在农产品物流全程提供各类金融支持服务。在农产品物流过程结束后,物流管理系统和商家管理系统的结算功能对接,完成资金在农产品物流需求方、供给方和第四方物流企业间的结算。

农产品物流团购模式的主要优势在于以下三个方面:第一,农产品物流团购模式通过整合中小型农产品物流企业资源,扩大了业务覆盖地域,丰富了物流职能,传统模式下单个中小型农产品物流企业无法完成的业务现在也可以承接。模式利用电商平台整合三流信息,提供中转外包、平台在线撮合等多种交易方式,也有利于承接更多业务,并借此进行品牌宣传和市场开拓,获取稳定货源。业务规模的扩大使得农产品物流信息采集、传输设备的购置、使用在经济上是可行的,解决了中小型农产品物流企业无力承担相关成本的问题。第二,通过第四方物流企业的介入,帮助中小型物流企业弥补在物流规划设计、计划执行、物流活动控制协调方面能力的短板,提高纯技术效率水平。第三,农产品物流团购模式提供货款代收、账务管理、融资贷款、资金清算等方面的支持,也有利于进一步提高中小型农产品物流企业纯技术效率水平(详见表7-1)。

表7-1 农产品物流团购模式财务、金融服务优势

类别	传统	物流团购平台
移动代收	司机或者货运站代收,资金回收周期长、存假币等风险	移动POS代收,实时到账,资金安全、快速回笼
对账报表	手工对账,资金与订单无法匹配,财务对账繁琐,清分对账复杂,财务人工成本过大	三流合一、对账管理提供各类财务报表,自动生成、随时在线查询
融资贷款	抵押、担保、联保贷款、申请烦琐、周期长、灵活性差	POS交易流水贷,在线申请贷款,快速便捷、随贷随还
资金清算	第三方多级清算,资金风险高、重复纳税	物流团购清算渠道,运费、手续费等在线清分到各指定账户,安全快速

二、着力推进专业农产品物流园区和农产品配送中心建设

上一章的分析中,本书曾指出,在农产品物流业资本投入方向上,专业农产品物流园区和农产品配送中心的建设力度不足,影响了农产品物流业纯技术效率水平的提高。

(一)推进专业农产品物流园区建设

在这一部分,本书将从建设基本原则、园区类型选择、投资模式选择、建设运营对策四个方面展开讨论。

1. 建设基本原则

(1)专业农产品物流园区的建设应坚持科学规划,合理布局的原则。在建设过程中应服从所在区域发展规划,按照区域农产品物流业发展的实际需求,根据区域经济发展水平、交通条件、土地资源状况等实际条件,进行科学规划、合理布局。

(2)专业农产品物流园区的建设应坚持整合资源,集约发展的原则。在充分利用现有资源的基础上,合理规划、设计,确定园区的规模和建设标准,实现园区的集约化发展。

(3)专业农产品物流园区的建设应坚持以服务为中心的原则。通过加强各

类硬件设施建设和创新管理机制,力求为入驻企业提供更为全面的服务功能和更为高效的服务水平。

(4)专业农产品物流园区的建设应坚持市场运作、政府监管的原则。通过政府的引导,实现园区投资主体多元化;通过创建园区管理企业或委托民营企业代为管理,实现园区管理从政府行政职能中剥离,最终实现专业农产品物流园区的市场化运作,以及政府角色由运作者向监管者的转变,充分发挥市场的作用,实现园区的健康发展。

2. 园区类型选择

物流园区类型可以分为专业型和综合型两种,其中专业型物流园区包括货运枢纽型物流园区、商贸服务型物流园区、生产服务型物流园区、口岸服务型物流园区等。依托交通枢纽,货运枢纽型物流园区一般具备两种或两种以上运输方式,货物转运能力强,可以实现多式联运。商贸服务型物流园区依托城市大型商圈或批发市场,满足商贸企业运输、配送、仓储等物流需求。生产服务型物流园区一般靠近工业园区或特大型生产制造企业。口岸服务型物流园区主要是满足国际贸易企业物流需求,提供报关、报检、仓储、国际中转、国际转口贸易等服务。综合服务型物流园区通常要求具备两种或两种以上专业物流园区功能。农产品物流业主要作用在于实现农产品在一定的地理范围内,从农业生产者向供应链下游的农产品加工业和消费者的流动,而目前农产品流动的地理范围越来越广泛。因此,专业农产品物流园区在类型选择上应选择综合服务型物流园区,以货运枢纽和商贸服务为主要功能,在东部和西部地区的沿海、沿边口岸城市可选择建设口岸服务型物流园区。

3. 投资模式选择

目前,我国物流园区的投资模式主要有政府直接投资模式、民办官助、企业自建等几种模式。政府直接投资模式主要由政府投入资本,负担园区的管理或聘请代理公司来经营管理园区。民办官助模式以企业为主要投入方,负责园区设施建设,政府则提供园区建设用地、水电配套、优惠政策等服务支持。企业自建模式则完全由企业出资建设并管理运营,要求投资企业具有较雄厚的资金实力,政府只提供政策支持。物流园区建设存在前期资金投入大、建设周期长、投资回收时期长等风险因素;相对于工业品物流,农产品物流具有不确定性强、利润回报相对较低,外部性和公益性更强等特点,因此在投资模式上应以政府直接投资模式和民办官助模式为主。

4. 建设运营对策

第一,坚持市场化运作。政府应以引导、服务、协调、监督为主要职能,不干涉园区具体运营活动。即使是政府直接投资建设的农产品物流园区,也应聘请代理公司进行管理,按市场规律运作。第二,突出农产品物流特色。在园区设施规划、园区功能设计、园区管理制度制定等方面,充分考虑农产品物流数量大、品种多、要求高、难度大的特点。第三,注重园区标准化建设。根据园区建设和发展需要,推进作业设施设备标准化、信息数据交换标准化、作业操作流程标准化、作业质量考核标准化等方面的建设力度。第四,实现管理控制信息化。通过信息平台建设,引入条形码技术、电子订货系统(EOS)、电子数据交换(EDI)技术等现代信息技术,实现农产品物流园区管理方、入驻企业和客户之间信息的及时交换,高度共享。第五,加大政策扶持力度。政府可在财政、税收、市场管理等方面为农产品物流园区提供政策支持。以税收为例,鉴于农产品物流发展相对滞后的现状,可以在一般"两免三减半"(前两年内免征税收,后三年则依据企业后续运营及发展状况在正常税率的基础上收取30%~50%的税收)税收优惠政策的基础上,加大税收减免的幅度。

(二)推进农产品配送中心建设

推进农产品配送中心建设,需要注意三个方面的问题:第一,农产品配送中心的规划建设应注意根据农产品配送需要,在功能上与专业农产品物流园区相匹配,避免重复与冲突。如果区域内已建有具备较完善配送功能的专业农产品物流园区,则没有必要重复建设农产品配送中心;如果区域内专业农产品物流园区存储和配送加工能力较为发达,配送能力不足,则可以物流园区为核心,根据客户需求建设若干规模较小的转运型农产品配送中心;如果区域内尚未建设专业农产品园区,而市场配送需求又达到一定规模,可考虑建设兼具存储、流通加工、配送功能的大型综合性农产品配送中心。第二,农产品配送中心在选址时应充分考虑农产品配送的特殊性。农产品在最后配送环节之前往往需要完成清洗、分割、再包装等配送加工环节,容易产生特殊气味、噪音、废弃物,因此在选址时要注意避开居民区。农产品易腐、易损的自然特性,要求农产品配送必须及时、高效,因此在选址时要设立在城市交通枢纽附近。第三,鼓励具有雄厚经济实力的大型连锁超市或农产品加工企业建设自有型配送中心。中小型超市、农产品加工企业和经济不发达的三四线城市,可考虑建设他有型配送中心,即建设第三方性质的、承接配送外包业务的社会化配送中心。此外,还可建设共有型配送中心,即多个农产品配送需求方共同投资、分享服务的配送中心,从而集中各方配送需求,制定合理的配送计划,以达到整体效益的最大化。

三、充分发挥政府支持作用

研究结果显示,政府管制对于农产品物流业纯技术效率水平有重要影响。然而,目前在政府的管制方面尚存在一些问题亟待改进。在提升农产品物流业劳动力素质水平、合理控制农产品物流业发展规模、解决农产品物流市场信息权威性、真实性难以保证问题等方面政府也大有可为。

（一）建立农产品物流业统一管理机制

农产品物流涉及运输、仓储、装卸搬运、流通加工、信息处理等多个环节，在实际运作中要接受工商、交通、运政、税收等多个部门的管理。不同管理部门看待农产品物流发展的视角不同，管理制度、政策可能会出现不一致甚至相抵触的问题。"政出多门"情形的出现使得农产品物流企业无所适从，降低了企业运作的技术效率。因此，在农产品物流业发展的初级阶段，作为管理者的政府部门首先应努力打破部门界限，建立统一管理机制，为农产品物流业技术效率水平提高营造良好的政策环境。各省级行政区域的当地政府应尽快成立负责农产品物流业的规划、决策和管理的专门机构，赋予和强化其在监督与管理当地农产品物流业运作方面的职权。依托该机构，汇总各部门涉及农产品物流业运行的制度、政策，根据农产品物流业发展和技术效率水平提高的需要，调整其中不协调的部分，并要求相关部门照此执行。在此基础上，建议由农产品物流业管理的专门机构牵头，联合包括交通、运政、工商、公安、城市行政执法等相关部门在内的其他部门，成立负责农产品物流市场整顿清理的常设部门，对无证经营、违规经营、发布虚假信息等某些表现比较突出的市场问题进行整治，以进一步规范农产品物流市场行为，提倡农产品物流业内部的有序竞争，从而对技术效率水平的提高产生积极影响。

（二）加快农产品物流公共信息平台发展

和其他物流分支一样，农产品物流的高效运作离不开信息的支持。然而，如前面的研究所示，农产品物流公共信息平台发展滞后妨碍了农产品物流业技术效率水平的提高，而完全由企业主导的农产品物流公共信息平台又难以保证信息的权威性、真实性。这种情况下，选择农产品物流公共信息平台发展模式值得进一步深入思考。除去完全由企业主导的发展模式，农产品物流公共信息平台各种发展模式的特点如表7-2所示。

表7-2 各类物流公共信息平台发展模式

主要类型	特点	优点	缺点
政府独资运营	政府独资，规划建设，政府运营，政府所有	协调能力强，建设速度快，权威性高，公益性明显	缺乏市场化运作，各项成本较大，服务质量不够
政府控股委托经营	政府控股，政府所有，社会参股，政府规划建设，企业管理运营	协调能力强，运营管理效率较高	建设运营费用高，企业只有运营权无所有权，缺少运营积极性，无法充分发挥

续表

主要类型	特点	优点	缺点
社会资本控股运营	社会控股，政府参股，政府规划建设，企业所有，企业管理运营	协调能力强，运营管理效率较高，企业拥有权能调动服务运营积极性，提高运维质量	权威性较低，企业商业利益动机驱动，降低服务的公平、公益性

农产品物流企业实力相对较弱，农产品物流公共信息平台的建设在短期内经济效益可能并不明显，难以产生足够的吸引力；同时农产品物流过程中涉及与多个政府部门的信息交换，需要协调各个政府部门的管理行为，因此农产品物流公共信息平台在投融资上宜采用政府独资或控股方式。政府独资或控股方式也有利于保证所发布信息的权威性和真实性。为提高平台运营效率，在管理运营宜采用社会化运营方式。综上所述，政府控股、委托经营是比较适合的模式。

在功能规划方面，农产品物流信息公共平台应具备以下主要功能：一是公共服务信息发布和查询，如政策信息、道路交通信息、人才招聘信息、天气信息等；二是网上办公，农产品物流企业可以通过平台完成从业资质审核、工商注册、税务申报、动植物检疫申报、大通关等网上申报流程；三是农产品物流供求信息发布，包括普通车辆及冷链车辆、物流仓库、集装堆场等农产品物流资源的供应信息发布，以及农产品生产企业、农产品加工企业和农产品零售企业发布的物流需求信息等；四是监管信息采集和发布，政府管理部门和行业协会通过平台采集农产品物流企业上传的统计数据，经整理后定期予以发布。

（三）着力扩大农产品物流业发展规模

在前面的分析中已经发现，到了研究后期，全国范围内处于规模效益递增的省级行政区域数量不断扩大，此时扩大农产品物流业规模有助于提高规模效率，从而带动技术效率水平的提高，特别是在西部地区。

本书认为，扩大西部地区农产品物流业发展规模，当地政府可以从以下两个方面着手。首先是拓宽投资渠道，加大西部地区在物流基础设施建设、农产品物流园区（物流中心）建设、农产品物流技术升级换代等方面的资金支持力度。在"西部大开发"的过程中，在国家倾斜性政策的扶持下，西部地区农产品物流业发展获得了国家财政的大量资金支持。当地政府应在继续争取直接投资支持的基础上，积极拓宽投资渠道，多方筹措农产品物流业发展所需资金。西部地区的当地政府可通过明确的法律形式，保障私人投资者利益和投资环境的安全性，在此基础上鼓励民间私有资本与政府共同投资；或由政府出面担保，鼓励各类金融机构创新、拓展与农产品物流业相配套的金融业务，对实力强、效益好的农产品物流企业给予重点信贷支持。其次西部地区当地政府应有选择地引入东部和中部地区农产品物流运营水平高、资产质量好、诚信度高的物流企业,从土地、税收、金融信贷方面给予优惠政策,鼓励外来农产品物流业企业在西部地区以独立或与本地农产品物流企业合作的方式开展业务,壮大西部农产品物流业规模。

(四)农产品物流专业人才培养和引进

高素质的农产品物流劳动力资源,有利于更好地完成农产品物流活动规划、设计,有利于更好地执行所制定的物流计划,从而提高对资本的使用能力,最终提升农产品物流业的纯技术效率水平。各省级行政区域政府应高度重视农产品物流专业人才的培养和引进问题,特别是目前比较紧缺的人才,包括与农产品物流相关的企业高级管理人才、政府宏观管理人才、技术研发人才、供应链管理人才、经理人等。在农产品物流专业人才的培养和引进上,政府部门可以考虑采取以下措施:通过教育资源的投入,鼓励高校开设物流相关专业;加强政府引导,鼓励农产品物流企业与高校在企业员工培训、学生实习实训及定向培养方面展开合作;设立科研专项基金,鼓励农产品物流企业和高校、科研院所积极申报,取得更多高质量科研成果服务于农产品物流实践,同时也有利于专业人才的成长;通过在工资福利、事业发展、配偶工作、子女教育、户口等方面的优厚待遇,吸引国内外优秀的农产品物流专业人才,充实、壮大人才队伍,西部地区尤其要重视农产品物流专业人才的引进。

四、推进地区农产品物流业一体化建设

溢出影响有利于高水平区域通过对低水平区域的示范、带动作用,实现农产品物先进运营模式、管理经验的扩散,提高落后地区农产品物流业技术效率水平,特别是在纯技术效率水平方面作用更加明显。为充分发挥这种辐射带动作用,应大力推动以"热点"显著区域为核心的农产品物流业一体化建设,以进一步放大溢出影响作用,特别是对西部地区的影响作用。此外,农产品物流一体化建设的开展,还可以避免资源的重复投入、浪费,同样有利于农产品物流业技术效率水平的提高。

以安徽为例,其周边省份包括山东、河南、江苏、浙江、上海、江西、湖北。通过推动以安徽为核心的农产品物流一体化建设,不仅可以让山东、上海、安徽等农产品物流业技术效率较高区域相互促进,达到更高水平,还可以带动河南、湖北、江西、江苏、浙江等落后区域技术效率水平的提升。更为重要的是,当这种带动作用逐渐累积,使得落后区域的技术效率水平达到较高层次后,将会促进更多"热点"显著区域的出现和高值地带的形成,带动我国农产品物流业技术效率水平的整体提升。

推动以"热点"显著区域为核心的农产品物流一体化建设,可从以下四个方面展开。

(一) 建设常态化协调机制

国外区域物流一体化建设所取得的成功经验已经揭示，一体化建设进程推进离不开政府的协调。在农产品物流一体化的发展过程中，必然会遇到各个区域政策体系、管理机制、发展规划等方面差异所带来的阻碍，需要政府出面加以调整、协调。因此，必须组建由各区域物流主管部门组成的协调机构，围绕一体化地区内农产品物流业整体发展规划制定、市场管理机制建设、破除地方保护壁垒、分工与协作等共同问题进行深入而全面的研究、交流和磋商，以实现农产品物流基础设施的合理布局与建设，并有效衔接一体化地区内的各种运输方式，制定统一的农产品物流标准。

(二) 合理规划农产品物流一体化体系

合理规划农产品物流一体化体系包括三个方面的内容：第一，应详细调查一体化地区内农业生产力布局情况、农产品加工业生产力布局情况以及农产品销售流通的情况，以掌握对农产品物流的需求。在此基础上，根据运输方式衔接的可能性，制定农产品物流资源开发和共享的合理规划，避免重复建设。第二，围绕农产品物流资源布局的特点，以满足农产品物流需要为目的，整合地区内各区域的运输资源，优化港口、公路、铁路网络建设，形成以多式联运为主要方式的运输体系。第三，根据农产品物流一体化建设的需要，应努力打破区域壁垒，消除一体化地区内不同区域在农产品物流市场管理、土地、金融、税收等方面的政策差异，建立统一的农产品物流运行政策体系，为一体化地区内所有农产品物流企业营造一个公正、公平的政策环境，促进良性竞争。

(三) 推进农产品物流标准统一化建设

实施统一的农产品物流标准化有利于提高农产品储运过程中的效率。然而，受行政体制影响，长期以来不同的部门各自为政，公路、铁路、水运、航空在农产品物流方面标准不一，相互之间难以配合。同时，由于缺乏统一的规定，各区域之间甚至不同农产品物流企业之间农产品物流标准也不一致，严重影响了农产品物流一体化进程，降低了农产品物流运作的效率水平。推进农产品物流标准统一化建设，一方面是要努力推进农产品物流硬件标准建设，探索农产品物流的基础模数尺寸，作为农产品物流系统中各个环节标准化的核心和其他包装尺寸的基础，保证在一体化地区内任何一个区域都能有效地和集装箱、托盘、叉车等硬件设备匹配，以最大限度发挥设备作业能力，减少停滞时间，使得农产品物流作业活动更为高效；另一方面是推进农产品物流信息编码与数据交换的标准建设，改变目前由于信息编码和数据交换标准不一致导致的不同农产品物流主体间信息和数据无法交换的现状。农产品物流企业之间，农产品物流企业和政府管理部门之间的信息系统互联互通,实现信息透明化以后,企业可以及时获取信息指导自身的农产品物流活动,政府部门可以根据信息更好地管理和引导农产品物流业发展,提供高质量的公共服务。

(四) 加强企业协作,放大示范效应

推动农产品物流一体化建设的目的,是发挥农产品物流业技术效率水平较高区域对落后区域的溢出效应影响作用,促进农产品物流业技术效率水平的整体提高。在农产品物流一体化建设进程中,可由政府物流主管部门和协调机构牵头,会同其他相关部门,通过兼并、资产重组、物流企业联盟等多种形式,鼓励技术效率水平较高区域和相对落后区域的农产品物流企业在资本、人力、管理等方面展开更为全面和深入的交流、合作,放大先进企业的示范效应,促进技术效率水平的快速提高。

五、构建农产品物流协同模式

在以批发市场为核心的现行农产品物流模式中,存在一系列弊端:渠道长,环节众多使得农产品装卸、搬运、出入库作业重复性高,并加大了农产品损耗程度;农产品物流高度分散,无法实现规模效应;农产品物流从业者素质能力较为低下,难以组织管理高水平的农产品物流活动;现行模式中缺乏针对所有农产品物流参与主体的有效信息沟通机制,信息逐级传递,失真的可能性较大。以上弊端的存在,使得我国农产品加工业和农产品零售业迅速扩大的发展规模却没有对农产品物流技术效率水平的提升起到促进作用,相反还产生了一定的阻碍。

解决这些问题的关键在于"对症下药":缩短农产品物流渠道,引入高水平第三方农产品物流企业,构建高效的信息交流机制等。目前,农产品物流实践中出现的"农超对接"模式、"公司+农户+基地"模式、"龙头企业+农户"模式、"政府+企业+农户"模式等正是根据以上思路构建,取得了不错的效果。然而,以上模式均要求农产品零售企业或农产品加工企业具有一定的规模,否则不具备实施上述模式的能力。针对这种情况,本书试图构建一种新的农产品物流协同模式(以农产品零售业为例)。

(一) 模式构建思路、框架与运作流程

农产品零售业物流协同模式的基本构建思路为"集中采购,统一物流,共同配送":汇总众多中小型超市和便利店的销售需求,直接从农业种养大户或农业生产合作组织处进行采购,或从产地批发市场上集中采购;由专业第三方农产品物流企业统一安排物流过程;最后再由第三方农产品物流企业进行共同配送。

基于上述思路所构建的农产品零售业物流协同模式如图7-2所示。

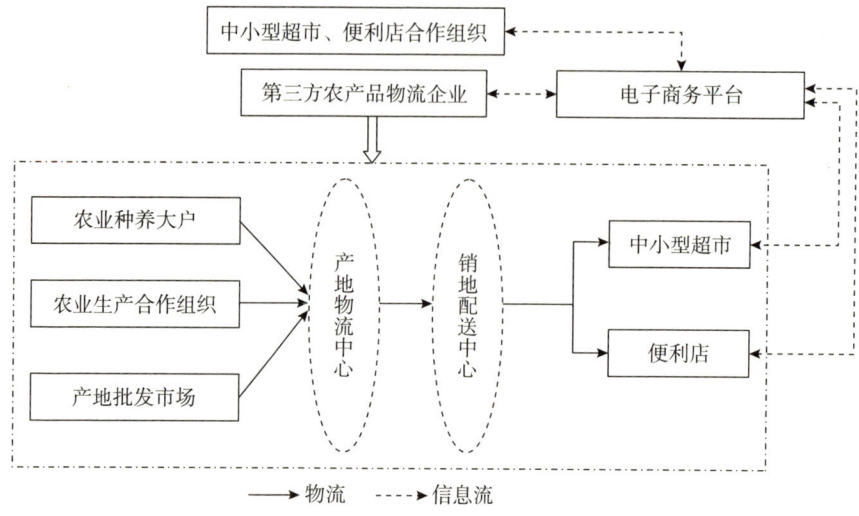

图 7-2 农产品零售业物流协同模式

农产品零售业物流协同模式的运作流程如下:

(1) 各中小型超市、便利店以加盟的形式组成中小型超市、便利店合作组织。组织成员在一定的提前期内通过电子商务平台向合作组织提交采购需求。在采购需求累积到一定数量后,合作组织在农产品出产地与农产品种养大户、农业合作组织或产地批发市场内的批发商进行洽谈,达成交易意向,并在电子商务平台上向组织成员发布价格、质量、数量、交货时间等交易信息。待参与交易的组织成员确认后,与农产品供应方签订正式订单,最终完成集中采购。

(2) 合作组织将订单信息从电子商务平台发送给第三方农产品物流企业,由第三方农产品物流企业制定物流方案,完成货物收集工作,集中至产地物流中心,统一运输到销地配送中心。到达配送中心后,根据各中小型超市、便利店地理位置、道路交通条件、货物特性、时间要求等因素,设计配送计划,组织车辆、设备和人员完成共同配送。统一物流和共同配送的过程中的物流信息可以实时反馈到电子商务平台上以供查询,追踪农产品流动状态。

(3) 电子商务平台既是合作组织、组织成员、第三方农产品物流企业之间信息交流的平台,同时也具有提供订单处理、订单查询、资金结算等其他功能。

(二) 模式优点

通过上述分析可知,农产品零售业物流协同模式较好地解决了现行农产品物流模式中存在的各种弊端,有利于农产品物流业技术效率水平的提高。

(1) 模式中农产品物流渠道、环节少,实现了农产品从产地到销地的直达,大大减少了农产品物流重复作业,降低了频繁装卸导致的在途损耗。

(2)通过模式中的统一物流和共同配送,将原先分散的农产品物流集中起来,实现了规模效应。集中统一的农产品物流过程使得各环节之间的衔接也更为顺畅。

(3)模式中农产品物流业务实际的运作是由专业的第三方农产品物流企业组织实施。专业的第三方农产品物流企业,具有较高的农产品物流规划、组织、管理、控制能力,保证了农产品物流效率的高水平。

(4)农产品零售业物流协同模式中建设了较为流畅的信息沟通机制。借助电子商务平台的信息交换功能,价格、质量、数量、交货时间等农产品市场信息,以及位置、路线、时间等农产品物流信息在模式各参与主体间可以做到及时、准确的流动和分享。

六、推动国有农产品物流企业产权制度改革

外生性环境因素对农产品物流企业技术效率水平影响的分析结果显示:国有企业产权制度改革的推进,在东部地区和西部地区国有率对农产品物流业技术效率水平已体现出并不显著的促进作用。继续深化国有农产品物流企业产权制度改革,无疑可以使得国有率的促进作用更加显著。产权制度改革的基本模式和路径是通过股份制改造、兼并重组、合资经营等多种方式,改变国有企业的资本架构,实现投资主体多元化,优化国有资本的配置,使变革后的国有控股或参股企业形成合理的内部治理机构,明确国有资产责任主体,从而提高国有资本的运营效率。

物流产业作为服务性产业,其本质是为上游产业提供物流服务支持。当上游产业商业模式发生变化时,物流产业必须随之相应变化,才能立于不败之地。国有农产品物流企业应改变"只管埋头做事,不抬头看天(上游产业商业模式)"传统习惯,把握产权制度改革的正确方向。

(一)构建农产品物流的"安泰达"模式

"安泰达"模式是家电物流业发展过程中出现的一种模式:由家电制造企业与第三方物流企业组建股份制的专业家电物流企业,为入股的家电制造企业提供量身打造的家电物流服务,从而实现家电物流的低成本、高效率运作。

在农产品零售方面,传统的以实体店为销售平台的商业模式正在受到互联网电商平台的强烈冲击。以生鲜农产品为代表的各类农产品属于生活必需品,市场需求量十分巨大。对农产品零售市场的抢占成为各大电商企业关注的热点。顺丰进军电商领域,推出生鲜平台——顺丰优选;沱沱工社从诞生之日起就专注于农产品的垂直电商运营;京东也在努力进军农产品零售市场,将原本采用商家入驻模式的生鲜频道改为自营；而天猫依托自身的菜鸟物流平台正在大力发展线上农产品零售业务。然而，通过电商平台开展农产品零售业务，如何有效应对多品种、小批量、高频次、大范围的物流配送需求，并且满足农产品较高的物流需求，既是农产品电商平台销售发展的关键影响因素所在，也是制约目前发展水平的问题所在。顺丰冷运宅配支持的城市数量仅有54个；沱沱工社配送范围只限于北京；天猫的菜鸟物流平台覆盖的城市也只有10多个；京东也不多。出现这种现状的原因在于农产品物流配送不同于其他产品的物流配送，需要冷藏运输工具、低温保鲜库等专用工具、设备，投资巨大。农产品物流配送网络构建的庞大成本与农产品相对较低的价格水平，使得进军农产品零售市场的电商企业前进脚步比较缓慢。因此，选择与拥有农产品物流配送资源企业的合作，成为电商企业低成本扩张农产品零售市场份额的有利选择。以天猫为例，其菜鸟物流平台正在不断加强与农产品物流企业的合作，将农产品物流资源整合进平台之内。

在农业生产和农产品加工业方面，《国务院关于支持农业产业化龙头企业发展的意见》明确指出要鼓励龙头企业大力发展连锁店、直营店、配送中心和电子商务，支持龙头企业改善农产品贮藏、加工、运输和配送等冷链设施与设备，支持符合条件的国家和省级重点龙头企业承担重要农产品收储业务。在这种政策形势下，对于农产品物流业务并不是其所擅长的核心业务的农业产业化龙头企业而言，选择与有一定专业能力的农产品物流企业合作是一种值得考虑的途径。

因此，面对如此的市场机遇，在国有农产品物流企业产权制度改革中，可参考"安泰达"模式，引导有一定规模和能力的农产品物流企业与从事农产品零售业务的大型电商企业或农业产业化龙头企业合作，组建股份制的农产品物流企业，按照电商企业或农业产业化龙头企业的要求，承接其全部或部分农产品物流业务。采用"安泰达"模式，为特定对象提供农产品物流服务，使得物流服务更有针对性，在一定程度上提高农产品物流活动的效率水平。和大型电商企业的合作，依托电商企业所拥有的发达物流网络和高水平的物流活动能力，融入国有农产品物流企业资产，可以使国有资产的运作更为高效。即使不能组建具有法人地位的实体股份制企业，通过其他方式与大型电商企业或农业产业化龙头企业展开合作，也有利于获得稳定的业务来源，吸引外资或民间资本注入国有企业，实现投资主体多元化，有利于提高国有资本的运营效率。

（二）采用多种形式推进中小型国有农产品物流企业产权制度改革

我国农产品物流业起步晚，发展水平较低，仍有大量的中小型国有农产品物流企业，应采用多种形式努力推进中小型国有农产品物流企业产权制度改革。形式之一，出租或委托经营中小型国有农产品物流企业资源。一些中小型国有农产品物流企业由于经营管理不善，部分资源处于闲置状态。将这部分资源出租或委托给经营能力较强其他所有制形式企业经营，有利于盘活国有资产，提高资产的使用效率。形式之二，鼓励其他所有制企业参股中小型国有农产品物流企业。其他所有制企业通过参股中小型国有农产品物流企业，获得国有生产要素的支配权，发挥其他所有制企业经营优势，获得单一所有制形式下国有资源无法获得的更大产出。形式之三，鼓励中小型国有农产品物流企业合并重组。在农产品物流一体化建设达到一定水平的地区内，可根据能力互补、资源共享的原则，鼓励中小型国有农产品物流企业之间进行合并重组，培育大型农产品物流企业，提高市场开拓能力，降低经营风险。

目前，在我国现代农业发展过程中，组织化程度不断提高，各类农业专业合作社的数量和规模都在快速增长，并由此产生迫切的农产品物流需求。应鼓励通过资产出租、委托经营的方式，或农业专业合作社参股的形式，推进中小型国有农产品物流企业产权制度改革。

七、扩大农产品出口

在对外开放程度对农产品物流业技术效率水平的影响方面，研究结果显示：中部地区对外开放程度对于农产品物流技术效率水平表现出显著的促进作用，而东部和西部地区表现出不显著的阻碍作用。对于中部地区而言，对外开放程度所体现出促进作用的主要原因在于中部地区主要出口的是粮食等土地密集型农产品，本土企业与外资农产品物流企业技术效率水平差异不大，外资企业进入主要体现的是"技术溢出"的正面影响。然而，鉴于中部地区的自然资源和气候环境，未来蔬菜、水果、水产品等劳动密集型产品在农产品出口中所占比例上升的可能性较大。同时，随着中部地区消费者消费需求和消费能力的增长，对进口蔬菜、水果、水产品、肉类、奶类等产品的需求必然会不断增长。届时，高技术效率水平外资农产品物流企业的进入使得生产前沿面外移，其余企业相对生产前沿面的距离加大，降低技术效率水平的负面影响程度将超过本土企业学习外资农产品物流企业先进技术和管理经验所带来的对农产品物流业技术效率水平的正面影响。中部地区极有可能面临东部和西部地区所遇到的对外开放表现出阻碍作用的问题。

（一）以劳动密集型农产品出口为主要方向

我国现有耕地面积大约为国土面积的1/10，人均耕地数量和人均水资源占有量分别为世界平均水平的1/2和1/4。在这样的农业资源条件下，还要肩负粮食自给自足的任务，小麦、棉花、大豆这样的土地密集型农产品出口在国际农产品贸易竞争中毫无优势可言。我国拥有丰富的农业劳动力资源，农业劳动力成本相对低廉。这决定了在今后相当长的一段时期内，我国农产品出口只能以蔬菜、水果、花卉、水产品、畜牧产品等劳动密集型产品为主。以上几类农产品恰好也是我国农产品出口的传统优势类别。

东部和西部地区应继续努力扩大劳动密集型产品的进出口。只有这样，国内的本土企业才有更多的与外资企业接触、交流的机会，学习外资农产品物流企业先进技术和管理经验，提高自身的技术效率水平，一方面放大"技术溢出"效应，另一方面降低生产前沿面外移幅度。

对于中部地区而言，由于农业发展一直以种植业为主，是我国主要的粮食生产地区之一，农产品出口处于相对较低的发展水平。为了提高农产品出口水平，中部地区应充分利用其丰富的水资源和适宜的气候条件，大力发展蔬菜、水果、茶叶、花卉和水产养殖产业，作为农产品出口水平提升的突破口。此外，中部地区粮食产量高，可依赖粮食收割后遗留下的大量秸秆和余粮，促进畜牧业的快速发展。

（二）推动绿色无公害农产品出口，弥补竞争劣势

随着国外消费者对进口农产品绿色化、无公害要求的不断提高，许多国家都在不断提高对农产品进口检验、检疫的标准。以日本为例，其出台的食品中农业化学品残留"肯定列表制度"中大幅度提高了进口农产品的农药残留检测标准。目前我国出口农产品中农兽药残留超标、环境污染影响等问题比较突出，对农产品出口产生了严重影响，一定程度上抵消了劳动成本低的竞争优势。因此，在农产品出口的发展过程中，要大力引进国外农产品优良品种和先进技术，结合国内的农产品绿色生产技术的研发、创新，加强农产品生产环境的检测和治理，建立有效的质量安全检测体系，不断提高我国出口农产品质量安全水平。

（三）加大出口农产品深加工比例

目前，我国农产品出口仍以初级产品为主，农产品深加工比例低。初级农产品的大量出口容易引发出口国政府对我国农产品采取反倾销措施；出口农产品深加工比例低不利于农产品品种多样化，难以满足国外消费者的多样化需求；农产品深加工比例低同时还不利于创建在国际农产品贸易市场上的知名品牌。因此，加大农产品深加工比例可以有力推动农产品出口规模扩大。

（四）构建支持农产品出口规模扩大的保障体系

在国际农产品贸易市场上，美国、欧盟等发达国家一方面保留大量农业补贴，另一方面又通过出口补贴和出口信贷等方式支持本国农产品出口。这种做法使得发达国家农产品在市场上的竞争力大为增强，给发展中国家农产品出口带来了冲击。同时，由于发达国家不断提高对农产品进口检验、检疫的标准，使得我国农产品出口检验、检疫成本不断上升。因此，为支持我国农产品出口，首先，政府应制定合理水平的农产品生产和出口补贴政策，承担全部或部分农产品的检

验、检疫费用。其次，目前我国农产品出口企业面临融资难的问题。某些金融机构针对农产品出口企业的贷款利率过高，而土地、山林、农用基础设施等资产又无法作为贷款抵押品。在这种情况下，政府应该充分发挥其协调者、管理者的角色，创新担保方式，如可由政府出面组织有多家农产品出口企业参加的互助担保基金，以降低农产品出口企业向金融机构融资的难度。同时，政府可通过立法的形式，在规范民间信贷业借贷机制、保护贷款企业利益的基础上，鼓励民间信贷业在农产品出口企业融资问题上发挥更大作用。此外，政府还应重视我国农产品出口信用保险的推广工作，争取更多农产品出口企业加入其中，降低农产品出口风险。

八、加大第三产业对农产品物流业发展的支持力度

Tobit 模型分析结果显示，中部地区第三产业增加值占 GDP 比重与其农产品物流业技术效率水平呈现较为显著的反向关系。西部地区虽然体现出正向的促进作用，但并不显著。导致这一现象的原因在于农产品物流业的规模在逐年扩大，同时却没有得到金融业、保险业、信息咨询服务业、各类技术服务业等第三产业子行业的足够支持。因此，为了促进农产品物流技术效率水平的提高，应加大第三产业对农产品物流业发展的支持力度。

在分析对外开发程度对我国物流业技术效率水平的影响问题时，本书曾经指出本土企业之所以与外资企业在技术效率水平方面有比较大的差距，一个重要的原因是我国农产品出口以水果、蔬菜、水产品等劳动密集型产品为主，进口农产品中这类产品的比重也比较大。水果、蔬菜、水产品等劳动密集型产品的物流基本都需要冷链条件，而冷链物流不仅硬件投资巨大，物流过程费用也十分高昂。然而，我国农产品物流业起步较晚，中小型农产品物流企业仍占有较大比例，实力相对薄弱。对于本土物流企业而言，资金不足是限制其有效运作冷链物流的关键因素之一。

因此，加大第三产业对农产品物流业发展的支持力度，应以加强金融支持，提供更有效的融资服务为主。

传统的以银行借贷为主的融资手段需要提供一定价值的质押物，规模较小、实力较弱的农产品物流企业往往无力提供；而且传统的融资手段还存在审核周期长、程序复杂等不足之处。此时，创新融资模式就变得十分必要。

为解决中小型企业融资难的问题，银行界进行了很多探索，近年来推出的知识产权质押、应收账款质押、股权质押、订单质押、仓单质押、保单质押等多种方式在一定程度上缓解了中小型企业融资的困难，但在本质上没有突破以质押担保为核心的传统风险控制方式，并不能真正解决大多数中小型企业的融资问题。

这其中也包括了中小型农产品物流企业。实际上，银行要求提供质押物的目的在于规避贷款过程中可能出现的风险，而风险来自于银行无法完整、真实地掌握有融资需求中小型企业的相关信息，从而无法对信用风险做出准确判断。换而言之，如果能完整、真实地掌握相关信息，对信用风险做出准确判断，质押的必要性就没有那么重要，由此也可以降低中小型企业的融资门槛。因此，解决中小型农产品物流企业融资难问题的关键在于对中小型农产品物流企业企业完整、真实信息的掌控。而要达到这一目的，需要对分散在农产品物流需求客户、银行、税务部门、海关等部门中的各类信息进行整合，构建以银行为核心的跨界大数据。随着大数据时代的到来，这一构想是可以成为现实的：无线射频技术（RFID）、全球定位技术（GPS）在应用于农产品运输、仓储、配送的同时可以收集大量物流信息；即将推出的不动产登记制度将使中小型农产品物流企业的不动产信息被充分发掘；央行支付系统内存储了大量的企业资金信息。如此种种信息在大数据技术的支持下，从高度分散的点式信息整合成有效链式数据，形成数据云。数据云分享越充分、使用频率越高，其经济价值越大的特点使得各类数据云拥有者会主动寻求分享，从而为构建一个以银行为核心的跨界大数据提供了可能。通过跨界大数据中携带的各类信息的相互印证，银行可以准确判断中小型农产品物流企业的经营情况和信用状况。信用贷款模式因此将会全面推广，中小型农产品物流企业融资难的问题将不复存在。同时，基于大数据的支持，银行可以为中小型农产品物流企业提供个性化的融资方案。这在传统模式下是不可想象的。

在这种融资模式中，中小型农产品物流企业与银行达成合作协议，协商融资条件，授权银行使用企业信息、当有融资需求时企业可以在线提出贷款申请，银行接收后依靠大数据技术查询和分析企业各类实时信息，做出信用状况评价，并根据事先预设的融资条件决定是否放款。一旦决定放款，则款项将通过网上银行汇入企业账户。所有的操作均在线上完成，银行的信息收集、分析、审核均可由系统自动完成，无须人工干预。贷款过程变得十分简单，速度可由传统的十几天、几十天提高到瞬间完成。

以大数据技术为背景的新型融资模式，使得中小型农产品物流企业能获得及时、便捷的资金支持，有利于自身技术效率水平的提高。

除融资问题以外，第三产业应加强对农产品物流技术创新的支持力度，技术创新的内容包括农产品物流保鲜技术、农产品物流信息技术、农产品物流组织管理技术等。第三产业加大针对农产品物流业发展需求、契合农产品物流活动特点的物流技术研发力度，有利于减少农产品物流的在途损耗，强化农产品物流企业的组织管理能力，在一定程度上有利于提高农产品物流业的技术效率水平。

九、打造新零售模式，扩大农产品物流业市场空间

在第三章的分析中，本书指出我国农产品物流业存在投入冗余和产出不足的问题。通过努力提高纯技术效率水平，提高对投入资源的利用程度，实现更多农产品周转量的产出，有利于提高技术效率水平。然而，换个角度而言，如果能实现更多的农产品消费需求，扩大农产品物流业市场空间，则原有的投入冗余现象将得到缓解，规模效率水平也随之上升，同时也有利于实现更多的产出。

目前，农产品的销售主要通过两种渠道，一种是以农贸市场和超市等线下实体为代表的销售方式，另一种是通过电商平台进行线上销售，如顺丰优选、1 号店、京东生鲜等。随着电商销售方式的发展，已对线下实体销售产生了巨大的冲击。同时，农产品电商销售本身的竞争也十分激烈，各类林林总总的电商平台山头林立。较之于其他种类的产品，农产品易腐特性使得其物流成本更为高昂。在竞争的压力之下，农产品电商平台已经触碰到发展的天花板，每占领1%的市场份额所需支付的成本使得电商的"价格战"已经无法打下去。因此，有必要打造新的农产品销售业态，而马云提出的"新零售"业态是一种很好的思路和模式。

新零售的核心要义是电商和实体零售"你中有我，我中有你"。即将实体零售和电商零售各自的商业系统分享出来，共同融合：实体零售共享自己的信用资产、库存信息和售后服务能力，电商分享自己的物流优势、支付系统优势和消费者信息优势，最终打造一种无缝隙、可信任、购物体验畅快，线上、线下物流密切配合的零售商业系统。在新零售模式下，在电商平台下单购买农产品，将不需要从距离更远的仓库或配送中心调拨，而是就近由距离消费者更近的实体商超送达，缩短了消费者的等待时间，农产品送达消费者之前损坏、变质的可能性大大降低。在商超购物时，则可以通过登录APP，直接在手机上输入选购的农产品商品代码，计算价格后直接线上支付，商品将由物流系统送货上门。对电商平台上所购买的农产品不满意，需要办理退换货时，不需要自己寄快递，通知就近商超的工作人员上门办理即可。新零售模式可以带给消费者更好的消费体验，可以激发消费者的消费兴趣，提高农产品的消费水平。同时，在农产品的新零售模式下，还可以考虑加入其他的消费兴趣激发点，如为上班族或缺乏烹饪能力的消费者提供烹饪和现场就餐服务，实现复合型业态，无疑可以进一步改善消费者的消费体验。

附　表

附表1　2000~2015年我国内地的28个省级行政区域农产品物流业技术效率

区域	省份	2000	2001	2002	2003	2004	2005	2006	2007	2008(1)	2008	2009	2010	2011	2012	2013	2014	2015
东部	北京	0.052	0.054	0.044	0.035	0.022	0.019	0.020	0.017	0.016	0.045	0.028	0.032	0.034	0.039	0.038	0.037	0.043
	天津	1.000	1.000	1.000	1.000	1.000	1.000	1.000	1.000	1.000	0.465	1.000	1.000	1.000	0.797	0.317	0.337	0.315
	河北	0.218	0.232	0.208	0.222	0.162	0.168	0.185	0.172	0.185	0.462	0.328	0.389	0.427	0.574	0.563	0.547	0.690
	辽宁	0.183	0.168	0.153	0.182	0.127	0.124	0.141	0.168	0.146	0.518	0.396	0.454	0.480	0.616	0.551	0.518	0.695
	上海	0.644	0.668	0.625	0.537	0.363	0.373	0.418	0.391	0.381	1.000	0.540	0.726	0.741	1.000	0.588	0.762	1.000
	江苏	0.080	0.077	0.070	0.080	0.061	0.064	0.078	0.078	0.082	0.224	0.170	0.200	0.232	0.333	0.306	0.293	0.317
	浙江	0.117	0.130	0.125	0.146	0.107	0.109	0.135	0.130	0.130	0.328	0.238	0.288	0.309	0.393	0.369	0.357	0.495
	福建	0.157	0.154	0.136	0.151	0.096	0.093	0.111	0.105	0.100	0.299	0.199	0.224	0.226	0.296	0.249	0.282	0.414
	山东	0.296	0.318	0.240	0.223	0.154	0.158	0.187	0.164	0.164	0.673	0.479	0.489	0.481	0.482	0.290	0.277	0.376
	广东	0.456	0.148	0.123	0.120	0.081	0.068	0.073	0.068	0.066	0.186	0.130	0.148	0.163	0.263	0.206	0.303	0.404
东部均值		0.320	0.295	0.272	0.270	0.217	0.218	0.235	0.229	0.227	0.420	0.351	0.395	0.409	0.480	0.348	0.371	0.475
中部	山西	0.168	0.166	0.147	0.154	0.100	0.100	0.107	0.099	0.105	0.355	0.209	0.231	0.218	0.268	0.267	0.260	0.336
	吉林	0.127	0.115	0.096	0.090	0.056	0.053	0.055	0.051	0.050	0.218	0.144	0.151	0.159	0.191	0.183	0.176	0.197
	黑龙江	0.127	0.119	0.098	0.098	0.064	0.062	0.066	0.062	0.061	0.211	0.131	0.139	0.144	0.172	0.153	0.140	0.154
	安徽	0.181	0.169	0.162	0.174	0.109	0.102	0.115	0.113	0.115	0.811	0.598	0.672	0.725	1.000	1.000	1.000	1.000
	江西	0.122	0.116	0.101	0.103	0.064	0.054	0.059	0.057	0.059	0.282	0.198	0.229	0.247	0.368	0.286	0.283	0.368
	河南	0.157	0.145	0.120	0.126	0.078	0.072	0.077	0.076	0.132	0.369	0.310	0.360	0.396	0.515	0.324	0.306	0.366
	湖北	0.109	0.102	0.086	0.091	0.060	0.055	0.059	0.053	0.052	0.202	0.137	0.178	0.201	0.281	0.238	0.247	0.332
	湖南	0.318	0.185	0.170	0.181	0.123	0.118	0.132	0.126	0.128	0.399	0.253	0.278	0.281	0.365	0.332	0.331	0.418
中部均值		0.164	0.140	0.122	0.127	0.082	0.077	0.084	0.080	0.088	0.356	0.248	0.280	0.296	0.395	0.348	0.343	0.396
西部	内蒙古	0.173	0.161	0.140	0.137	0.082	0.072	0.085	0.080	0.076	0.364	0.275	0.297	0.309	0.407	0.262	0.246	0.318
	广西	0.140	0.134	0.114	0.122	0.079	0.073	0.083	0.081	0.078	0.305	0.216	0.246	0.264	0.354	0.289	0.285	0.388

续表

区域	省份	2000	2001	2002	2003	2004	2005	2006	2007	2008(1)	2008	2009	2010	2011	2012	2013	2014	2015
西部	四川	0.074	0.072	0.064	0.065	0.044	0.042	0.050	0.051	0.048	0.185	0.125	0.164	0.147	0.181	0.120	0.118	0.157
	贵州	0.173	0.152	0.131	0.130	0.084	0.078	0.084	0.076	0.078	0.218	0.158	0.158	0.155	0.203	0.182	0.181	0.219
	云南	0.108	0.100	0.087	0.101	0.060	0.053	0.053	0.054	0.052	0.147	0.101	0.106	0.107	0.142	0.140	0.134	0.181
	陕西	0.093	0.096	0.089	0.094	0.060	0.055	0.057	0.054	0.056	0.245	0.179	0.194	0.204	0.277	0.227	0.223	0.262
	甘肃	0.211	0.183	0.147	0.145	0.095	0.091	0.101	0.105	0.109	0.381	0.269	0.296	0.314	0.412	0.345	0.322	0.368
	宁夏	0.178	0.166	0.142	0.147	0.083	0.076	0.087	0.086	0.086	0.520	0.371	0.403	0.419	0.534	0.396	0.353	0.463
	青海	0.170	0.160	0.151	0.142	0.079	0.074	0.080	0.078	0.076	0.288	0.212	0.235	0.249	0.323	0.228	0.239	0.280
	新疆	0.063	0.066	0.089	0.065	0.064	0.055	0.067	0.065	0.068	0.229	0.153	0.162	0.160	0.205	0.184	0.177	0.220
西部均值		0.138	0.129	0.115	0.115	0.073	0.067	0.075	0.073	0.073	0.288	0.206	0.226	0.233	0.304	0.237	0.228	0.286
全国均值		0.211	0.191	0.174	0.174	0.127	0.124	0.135	0.131	0.132	0.355	0.270	0.302	0.314	0.393	0.308	0.312	0.385

附表 2　2000～2015 年我国内地的 28 个省级行政区域农产品物流业纯技术效率

区域	省份	2000	2001	2002	2003	2004	2005	2006	2007	2008(1)	2008	2009	2010	2011	2012	2013	2014	2015
东部	北京	0.055	0.056	0.045	0.035	0.022	0.019	0.020	0.017	0.016	0.045	0.028	0.032	0.034	0.039	0.038	0.037	0.043
	天津	1.000	1.000	1.000	1.000	1.000	1.000	1.000	1.000	1.000	0.540	1.000	1.000	0.807	0.328	0.351	0.319	
	河北	0.536	0.565	0.646	0.832	0.162	1.000	1.000	1.000	1.000	0.691	0.681	0.776	1.000	1.000	1.000	1.000	1.000
	辽宁	0.223	0.168	0.153	0.335	0.127	0.506	0.478	0.772	0.442	0.734	0.787	0.850	0.911	1.000	1.000	1.000	1.000
	上海	1.000	1.000	1.000	1.000	0.391	1.000	1.000	1.000	1.000	1.000	0.732	0.887	1.000	0.742	1.000	1.000	
	江苏	0.080	0.077	0.070	0.080	0.061	0.064	0.090	0.121	0.082	0.281	0.235	0.230	0.322	0.333	0.429	0.397	0.317
	浙江	0.117	0.130	0.125	0.146	0.107	0.109	0.135	0.130	0.130	0.410	0.238	0.288	0.309	0.394	0.371	0.358	0.499
	福建	0.157	0.154	0.136	0.151	0.096	0.093	0.111	0.105	0.100	0.361	0.199	0.224	0.226	0.296	0.249	0.282	0.414
	山东	1.000	1.000	1.000	1.000	1.000	0.910	1.000	0.860	0.574	1.000	1.000	1.000	1.000	1.000	0.553	0.542	0.534
	广东	1.000	0.268	0.148	0.130	0.081	0.068	0.073	0.068	0.066	0.226	0.130	0.148	0.163	0.263	0.206	0.303	0.413
东部均值		0.517	0.442	0.432	0.471	0.305	0.477	0.491	0.507	0.441	0.529	0.503	0.543	0.596	0.613	0.492	0.527	0.554
中部	山西	0.168	0.166	0.147	0.154	0.102	0.100	0.107	0.099	0.105	0.417	0.209	0.231	0.218	0.268	0.267	0.260	0.336
	吉林	0.127	0.115	0.096	0.090	0.056	0.053	0.055	0.051	0.050	0.292	0.260	0.246	0.264	0.251	0.307	0.282	0.216
	黑龙江	0.197	0.184	0.098	0.190	0.064	0.164	0.128	0.149	0.192	0.291	0.248	0.266	0.261	0.314	0.300	0.272	0.229
	安徽	0.265	0.247	0.162	0.174	0.109	0.102	0.115	0.113	0.115	1.000	0.901	0.968	1.000	1.000	1.000	1.000	1.000
	江西	0.122	0.116	0.101	0.103	0.064	0.054	0.059	0.057	0.059	0.350	0.198	0.229	0.247	0.368	0.286	0.283	0.368
	河南	0.421	0.343	0.323	0.413	0.078	0.321	0.316	0.324	0.289	0.536	0.619	0.689	0.765	0.897	0.631	0.577	0.519
	湖北	0.205	0.157	0.113	0.171	0.060	0.133	0.107	0.115	0.052	0.251	0.206	0.255	0.285	0.305	0.263	0.270	0.332
	湖南	0.318	0.185	0.170	0.181	0.123	0.118	0.132	0.126	0.128	0.468	0.253	0.278	0.281	0.365	0.332	0.331	0.424

续表

区域	省份	2000	2001	2002	2003	2004	2005	2006	2007	2008(1)	2008	2009	2010	2011	2012	2013	2014	2015
	中部均值	0.228	0.189	0.151	0.184	0.082	0.131	0.127	0.129	0.124	0.451	0.362	0.395	0.415	0.471	0.423	0.409	0.428
西部	内蒙古	0.173	0.161	0.140	0.137	0.082	0.072	0.085	0.080	0.076	0.452	0.325	0.297	0.361	0.407	0.262	0.246	0.318
	广西	0.140	0.134	0.114	0.122	0.079	0.073	0.083	0.081	0.078	0.358	0.216	0.246	0.264	0.355	0.290	0.286	0.389
	四川	0.074	0.072	0.064	0.065	0.044	0.042	0.050	0.051	0.048	0.222	0.125	0.164	0.147	0.181	0.120	0.118	0.157
	贵州	0.208	0.152	0.131	0.176	0.084	0.078	0.084	0.076	0.078	0.263	0.158	0.158	0.155	0.203	0.182	0.181	0.220
	云南	0.109	0.100	0.087	0.104	0.061	0.053	0.053	0.054	0.052	0.160	0.101	0.106	0.107	0.144	0.148	0.143	0.186
	陕西	0.093	0.096	0.089	0.094	0.060	0.055	0.057	0.054	0.056	0.290	0.179	0.194	0.204	0.277	0.227	0.223	0.272
	甘肃	0.211	0.183	0.147	0.145	0.095	0.091	0.101	0.105	0.109	0.485	0.411	0.395	0.397	0.412	0.345	0.322	0.368
	宁夏	1.000	1.000	0.187	0.247	1.000	0.137	0.159	1.000	1.000	1.000	1.000	1.000	1.000	1.000	1.000	1.000	1.000
	青海	0.170	0.160	0.151	0.142	0.079	0.074	0.080	0.078	0.076	0.350	0.212	0.235	0.249	0.323	0.228	0.239	0.282
	新疆	0.063	0.066	0.089	0.065	0.064	0.055	0.067	0.065	0.068	0.241	0.155	0.166	0.162	0.207	0.189	0.183	0.220
	西部均值	0.224	0.212	0.120	0.130	0.165	0.073	0.082	0.164	0.164	0.382	0.288	0.296	0.305	0.351	0.299	0.294	0.341
	全国均值	0.330	0.288	0.240	0.267	0.191	0.234	0.241	0.277	0.251	0.454	0.386	0.413	0.440	0.479	0.403	0.410	0.442

附表3 2000~2015年我国内地的28个省级行政区域农产品物流业规模效率

区域	省份	2000	2001	2002	2003	2004	2005	2006	2007	2008（1）	2008	2009	2010	2011	2012	2013	2014	2015
东部	北京	0.938	0.963	0.983	1.000	1.000	1.000	1.000	1.000	1.000	1.000	1.000	1.000	1.000	1.000	1.000	1.000	1.000
	天津	1.000	1.000	1.000	1.000	1.000	1.000	1.000	1.000	1.000	0.861	1.000	1.000	1.000	0.988	0.965	0.961	0.989
	河北	0.408	0.411	0.322	0.267	1.000	0.168	0.185	0.172	0.185	0.669	0.482	0.501	0.427	0.574	0.563	0.547	0.690
	辽宁	0.820	1.000	1.000	0.542	1.000	0.246	0.296	0.218	0.331	0.706	0.504	0.534	0.527	0.616	0.551	0.518	0.695
	上海	0.644	0.668	0.625	0.537	0.928	0.373	0.418	0.391	0.381	1.000	0.738	0.818	0.741	1.000	0.792	0.762	1.000
	江苏	1.000	1.000	1.000	1.000	1.000	1.000	0.867	0.642	1.000	0.797	0.723	0.871	0.719	1.000	0.713	0.737	1.000
	浙江	1.000	1.000	1.000	1.000	1.000	1.000	1.000	1.000	1.000	0.799	1.000	1.000	1.000	0.998	0.996	0.997	0.990
	福建	1.000	1.000	1.000	1.000	1.000	1.000	1.000	1.000	1.000	0.828	1.000	1.000	1.000	1.000	1.000	1.000	0.999
	山东	0.296	0.318	0.240	0.223	0.154	0.174	0.187	0.191	0.285	0.673	0.479	0.489	0.481	0.482	0.526	0.510	0.705
	广东	0.456	0.554	0.831	0.924	1.000	1.000	1.000	1.000	1.000	0.822	1.000	1.000	1.000	1.000	1.000	1.000	0.979
	东部均值	0.756	0.791	0.800	0.749	0.908	0.696	0.695	0.661	0.718	0.815	0.793	0.821	0.789	0.866	0.810	0.803	0.905
中部	山西	1.000	1.000	1.000	1.000	0.974	1.000	1.000	1.000	0.850	1.000	1.000	1.000	1.000	1.000	1.000	1.000	1.000
	吉林	1.000	1.000	1.000	1.000	1.000	1.000	1.000	1.000	1.000	0.746	0.555	0.613	0.604	0.763	0.597	0.623	0.915
	黑龙江	0.647	0.649	1.000	0.516	1.000	0.377	0.519	0.414	0.318	0.725	0.529	0.524	0.550	0.546	0.510	0.515	0.671
	安徽	0.683	0.686	1.000	1.000	1.000	1.000	1.000	1.000	1.000	0.811	0.663	0.694	0.725	1.000	1.000	1.000	1.000
	江西	1.000	1.000	1.000	1.000	1.000	1.000	1.000	1.000	1.000	0.808	1.000	1.000	1.000	1.000	1.000	1.000	1.000

续表

区域	省份	2000	2001	2002	2003	2004	2005	2006	2007	2008(1)	2008	2009	2010	2011	2012	2013	2014	2015
中部	河南	0.372	0.422	0.371	0.306	1.000	0.224	0.243	0.236	0.455	0.688	0.501	0.523	0.517	0.574	0.514	0.531	0.705
	湖北	0.531	0.652	0.760	0.532	1.000	0.411	0.547	0.459	1.000	0.803	0.664	0.696	0.706	0.919	0.907	0.915	1.000
	湖南	1.000	1.000	1.000	1.000	1.000	1.000	1.000	1.000		0.852	1.000	1.000	1.000	0.999	1.000	0.998	0.985
中部均值		0.779	0.801	0.891	0.794	0.997	0.752	0.789	0.764	0.847	0.785	0.739	0.756	0.763	0.850	0.816	0.823	0.910
西部	内蒙古	1.000	1.000	1.000	1.000	1.000	1.000	1.000	1.000		0.804	0.847	1.000	0.855	1.000	1.000	1.000	0.998
	广西	1.000	1.000	1.000	1.000	1.000	1.000	1.000	1.000		0.851	1.000	1.000	1.000	0.998	0.997	0.997	0.997
	四川	1.000	1.000	1.000	1.000	1.000	1.000	1.000	1.000		0.834	1.000	1.000	1.000	1.000	1.000	1.000	1.000
	贵州	0.831	1.000	1.000	0.740	1.000	1.000	1.000	1.000		0.827	1.000	1.000	1.000	1.000	1.000	1.000	0.997
	云南	0.996	1.000	1.000	0.973	0.983	1.000	1.000	1.000		0.921	1.000	1.000	1.000	0.983	0.942	0.935	0.972
	陕西	1.000	1.000	1.000	1.000	1.000	1.000	1.000	1.000		0.846	1.000	1.000	1.000	1.000	1.000	1.000	0.964
	甘肃	1.000	1.000	1.000	1.000	1.000	1.000	1.000	1.000		0.785	0.656	0.749	0.792	1.000	1.000	1.000	0.999
	宁夏	0.178	0.166	0.759	0.593	0.083	0.550	0.549	0.086	0.086	0.520	0.371	0.403	0.419	0.534	0.396	0.353	0.463
	青海	1.000	1.000	1.000	1.000	1.000	1.000	1.000	1.000		0.821	1.000	1.000	1.000	1.000	1.000	1.000	0.994
	新疆	1.000	1.000	1.000	1.000	1.000	1.000	1.000	1.000		0.953	0.989	0.979	0.991	0.990	0.974	0.969	1.000
西部均值		0.901	0.917	0.976	0.931	0.907	0.955	0.955	0.909	0.909	0.816	0.886	0.913	0.906	0.950	0.931	0.925	0.938
全国均值		0.814	0.839	0.889	0.827	0.933	0.804	0.815	0.779	0.823	0.807	0.811	0.836	0.823	0.892	0.855	0.852	0.918

附表4 2000～2015年我国内地的28个省级行政区域农产品物流业资本投入冗余比例

单位:%

区域	省份	2000	2001	2002	2003	2004	2005	2006	2007	2008	2009	2010	2011	2012	2013	2014	2015	历年平均值
东部	北京	42.9	33.1	37.9	0.0	0.0	0.0	0.0	0.0	0.0	0.0	0.0	0.0	0.0	0.0	0.0	17.4	8.2
	天津	0.0	0.0	0.0	0.0	0.0	0.0	0.0	0.0	0.0	0.0	0.0	0.0	20.5	37.5	32.7	25.4	7.3
	河北	29.5	29.4	30.0	25.7	26.3	16.3	13.7	12.1	0.3	13.6	19.6	16.4	43.9	54.2	48.4	45.4	26.6
	辽宁	0.0	0.0	0.0	0.0	0.0	0.0	0.0	0.0	0.0	0.0	0.0	0.0	5.5	2.1	45.5		3.3
	上海	33.4	32.1	33.8	1.4	9.0	5.8	10.7	12.0	0.0	0.0	0.0	0.0	0.0	0.0	0.0	0.0	8.6
	江苏	49.1	55.3	58.6	58.8	59.7	52.7	48.8	42.9	31.9	37.8	31.6	21.1	46.1	34.4	28.2	27.2	42.8
	浙江	67.1	71.8	72.2	70.4	70.9	68.1	67.0	62.9	52.7	50.7	43.4	29.0	46.7	55.4	49.0	49.4	57.9
	福建	30.2	33.9	40.0	32.3	27.0	16.7	10.3	10.2	0.0	4.7	5.9	0.0	27.4	29.7	26.5	25.5	20.0
	山东	25.9	22.8	27.3	24.5	21.2	9.7	3.0	0.0	0.0	0.0	0.0	0.0	2.9	3.3	0.0	1.4	8.9
	广东	46.6	46.7	46.3	43.1	39.2	23.8	15.5	4.0	0.0	0.0	0.0	0.0	0.0	0.0	0.0	38.3	19.0
东部均值		35.9	39.3	39.9	36.9	35.6	25.7	21.5	17.7	11.2	15.2	13.6	9.2	23.5	26.3	20.9	28.5	25.1

续表

区域	省份	2000	2001	2002	2003	2004	2005	2006	2007	2008	2009	2010	2011	2012	2013	2014	2015	历年平均值
中部	山西	0.0	0.0	0.0	0.0	0.0	0.0	0.0	0.0	0.0	0.0	0.0	0.0	5.0	23.1	9.1	3.7	2.6
	吉林	0.0	0.0	0.0	0.0	0.0	0.0	0.0	0.0	0.0	0.0	0.0	0.0	0.0	9.1	9.0	8.8	1.7
	黑龙江	0.0	0.0	0.0	0.0	0.0	0.0	0.0	0.0	0.0	0.0	0.0	0.0	0.0	0.0	0.0	23.7	1.5
	安徽	0.0	0.0	0.0	5.4	6.3	1.3	0.0	4.2	0.0	0.0	0.0	0.0	0.0	0.0	0.0	0.0	1.1
	江西	20.0	25.9	36.0	44.8	48.7	44.8	43.0	37.8	23.7	29.7	27.5	23.9	49.7	33.6	29.2	25.5	34.0
	河南	0.0	0.0	4.8	15.5	16.6	10.0	11.0	1.7	0.0	0.0	0.0	0.0	3.8	0.0	0.0	40.5	6.5
	湖北	0.0	0.0	0.0	0.0	1.4	0.0	0.0	0.0	0.0	0.0	0.0	0.0	27.0	28.3	22.9	24.0	6.5
	湖南	0.0	0.0	0.0	0.0	0.0	0.0	0.0	0.0	0.0	0.0	0.0	0.0	0.0	0.0	0.0	40.1	2.5
中部均值		2.4	3.6	6.4	11.0	19.0	9.8	10.2	6.2	2.1	2.7	2.3	1.9	8.2	8.8	7.0	21.5	7.7
西部	内蒙古	0.0	0.0	0.0	9.7	21.8	25.8	31.7	28.3	18.9	35.8	38.7	34.0	54.8	56.6	54.0	52.4	28.9
	广西	0.0	0.0	0.0	0.0	0.0	0.0	0.0	0.0	0.0	0.0	0.0	8.3	23.6	21.6	25.4	0.0	4.9
	四川	2.5	11.1	16.9	16.7	17.2	3.0	0.0	0.0	0.0	0.3	29.8	0.0	32.3	17.2	11.8	13.2	10.8
	贵州	0.0	0.0	15.8	7.9	16.6	8.3	4.7	0.0	0.0	0.0	0.0	0.0	33.4	43.2	45.8	47.0	13.9
	云南	0.0	0.0	0.0	23.1	21.4	17.8	15.3	13.0	0.0	8.4	0.6	30.2	36.0	33.5	34.8	0.0	14.6
	陕西	0.0	0.0	0.0	0.0	0.0	0.0	0.0	0.0	0.0	0.0	0.0	0.0	0.0	0.0	0.0	29.8	1.9
	甘肃	0.0	0.0	0.0	0.4	0.4	5.1	0.2	0.0	0.0	0.0	0.0	0.0	4.5	16.5	26.6	30.3	5.2
	宁夏	0.0	8.0	7.8	13.1	11.8	0.0	0.0	0.0	0.0	0.0	0.0	0.0	0.0	0.0	0.0	4.4	2.8
	青海	15.3	30.4	40.4	51.8	43.0	41.7	37.4	34.0	27.3	35.6	33.3	21.9	49.6	49.3	58.8	57.4	39.2
	新疆	0.0	0.0	28.9	0.0	28.7	12.0	13.6	2.6	0.0	0.0	0.0	0.0	0.6	0.0	0.0	46.8	8.3
西部均值		1.3	4.2	11.7	10.8	15.8	9.8	8.7	6.6	4.0	6.4	10.1	15.4	8.4	29.5	31.6	32.6	36.8	15.0
全国均值		17.1	20.5	23.0	21.9	23.7	16.0	14.1	10.7	6.5	8.9	9.0	6.0	18.2	19.5	17.2	26.9	16.2

附表5 2000~2015年我国内地的28个省级行政区域农产品物流业人力投入冗余比例

单位:%

区域	省份	2000	2001	2002	2003	2004	2005	2006	2007	2008	2009	2010	2011	2012	2013	2014	2015	历年平均值
东部	北京	0.0	0.0	0.0	3.7	13.8	25.6	31.9	32.1	39.2	36.1	39.3	54.0	34.7	20.2	30.0	0.0	22.5
	天津	0.0	0.0	0.0	0.0	0.0	0.0	0.0	0.0	12.1	0.0	0.0	0.0	0.0	0.0	0.0	0.0	0.8
	河北	0.0	0.0	0.0	0.0	0.0	0.0	0.0	0.0	0.0	0.0	0.0	0.0	0.0	0.0	0.0	0.0	0.0
	辽宁	35.6	28.7	20.3	28.3	28.3	36.3	35.4	37.3	42.3	29.2	25.2	39.2	11.7	0.0	0.0	0.0	24.9
	上海	0.0	0.0	0.0	0.0	0.0	0.0	0.0	0.0	10.0	21.2	42.7	0.0	26.6	42.4	0.0	0.0	8.9
	江苏	0.0	0.0	0.0	0.0	0.0	0.0	0.0	0.0	0.0	0.0	0.0	0.0	0.0	0.0	0.0	0.0	0.0
	浙江	0.0	0.0	0.0	0.0	0.0	0.0	0.0	0.0	0.0	0.0	0.0	0.0	0.0	0.0	0.0	0.0	0.0

续表

区域	省份	2000	2001	2002	2003	2004	2005	2006	2007	2008	2009	2010	2011	2012	2013	2014	2015	历年平均值
东部	福建	0.0	0.0	0.0	0.0	0.0	0.0	0.0	9.2	0.0	0.0	6.5	0.0	0.0	0.0	0.0	0.0	1.0
东部	山东	0.0	0.0	0.0	0.0	0.0	0.0	0.0	8.9	21.5	15.5	19.3	27.5	0.0	0.0	1.4	0.0	5.9
东部	广东	0.0	0.0	0.0	0.0	0.0	0.0	0.0	11.9	5.9	0.0	14.2	30.3	1.9	3.7	14.0	0.0	5.1
东部均值		5.7	3.6	3.0	4.6	4.3	7.7	7.4	10.4	16.9	11.5	13.0	21.6	4.8	1.6	3.4	0.0	7.5
中部	山西	35.8	30.6	23.7	23.7	19.7	24.8	33.0	41.6	50.1	31.1	22.2	29.7	0.0	0.0	0.0	0.0	22.9
中部	吉林	61.7	61.5	58.1	63.2	59.4	48.4	46.9	44.4	49.4	34.3	26.3	31.3	9.0	0.0	0.0	0.0	37.1
中部	黑龙江	50.7	47.3	44.9	47.6	47.3	50.0	51.2	54.3	57.4	45.8	41.9	49.9	31.2	22.9	29.7	0.0	42.0
中部	安徽	21.6	11.5	2.4	0.0	0.0	0.0	0.0	0.8	14.4	3.9	12.8	31.8	0.0	0.0	0.0	0.0	6.2
中部	江西	0.0	0.0	0.0	0.0	0.0	0.0	0.0	0.0	0.0	0.0	0.0	0.0	0.0	0.0	0.0	0.0	0.0
中部	河南	17.7	4.3	0.0	0.0	0.0	0.0	0.0	12.5	3.5	11.0	25.1	0.0	3.1	11.2	0.0	0.0	5.5
中部	湖北	13.4	8.7	7.8	6.2	0.0	6.2	0.0	20.7	34.5	23.1	5.1	13.3	0.0	0.0	0.0	0.0	9.1
中部	湖南	46.4	40.5	39.2	35.9	33.4	39.4	43.1	50.5	55.2	41.9	36.2	45.4	21.7	1.7	12.2	0.0	33.9
中部均值		31.0	26.6	22.9	28.4	23.6	24.2	23.1	27.7	42.0	30.6	27.0	35.0	16.4	9.7	14.8	0.0	23.9
西部	内蒙古	26.0	19.1	8.7	0.0	0.0	0.0	0.0	0.0	0.0	0.0	0.0	0.0	0.0	0.0	0.0	0.0	3.4
西部	广西	8.9	8.2	11.9	11.7	11.7	25.4	29.8	34.4	37.1	24.9	21.6	27.8	0.0	0.0	0.0	0.0	15.9
西部	四川	0.0	0.0	0.0	0.0	0.0	1.9	7.2	19.5	0.0	0.0	0.0	0.3	0.0	0.0	0.0	0.0	1.8
西部	贵州	16.7	3.1	0.0	0.0	0.0	0.0	4.5	17.5	4.6	5.4	0.0	10.8	0.0	0.0	0.0	0.0	3.9
西部	云南	14.3	7.7	1.4	0.0	0.0	0.0	0.0	8.9	3.5	0.0	0.0	0.0	0.0	0.0	0.0	0.0	2.2
西部	陕西	37.5	32.6	27.6	27.0	25.0	32.2	31.6	34.7	41.8	30.7	30.7	37.6	2.6	7.5	26.9	0.0	26.6
西部	甘肃	19.5	6.6	0.0	0.0	0.0	0.0	0.1	4.1	23.6	16.8	20.2	29.5	0.0	0.0	0.0	0.0	7.5
西部	宁夏	2.1	0.0	0.0	0.0	0.0	4.5	12.7	23.2	17.9	16.5	33.4	16.2	0.3	0.4	0.0	0.0	7.9
西部	青海	0.0	0.0	0.0	0.0	0.0	0.0	0.0	0.0	0.0	0.0	0.0	0.0	0.0	0.0	0.0	0.0	0.0
西部	新疆	30.6	39.1	0.0	42.1	0.0	0.0	0.0	13.1	4.1	9.2	27.9	0.0	4.8	8.0	0.0	0.0	11.2
西部均值		17.2	12.3	6.0	8.1	4.7	8.1	9.6	13.5	19.7	10.0	11.1	15.9	0.4	1.3	4.6	0.0	8.9
全国均值		20.1	16.1	12.9	16.6	13.6	15.3	15.1	19.1	30.3	20.9	19.9	27.1	10.2	5.8	9.6	0.0	15.8

附表6 2000~2015年我国内地的28个省级行政区域农产品物流业农产品周转量产出不足比例 单位:%

区域	省份	2000	2001	2002	2003	2004	2005	2006	2007	2008	2009	2010	2011	2012	2013	2014	2015	历年均值
东部	北京	93.4	93.5	94.6	96.4	97.7	97.8	97.7	98.0	94.4	96.6	96.0	95.3	95.7	95.8	95.3		95.8
东部	天津	0.0	0.0	0.0	0.0	0.0	0.0	0.0	50.5	0.0	0.0	0.0	11.2	61.0	59.7	63.9		15.4
东部	河北	74.4	72.7	75.6	74.5	81.3	81.7	81.7	80.2	53.7	53.4	64.8	56.9	26.5	22.7	27.8	10.7	58.7

续表

区域	省份	2000	2001	2002	2003	2004	2005	2006	2007	2008	2009	2010	2011	2012	2013	2014	2015	历年均值
东部	辽宁	77.8	80.4	82.9	78.8	85.2	84.8	82.8	79.3	34.3	53.6	48.1	40.4	34.5	43.3	47.6	10.0	60.2
	上海	22.7	20.4	24.8	45.9	62.0	61.6	55.9	58.4	0.0	43.1	18.8	5.7	0.0	32.2	3.2	0.0	28.4
	江苏	89.4	89.3	90.0	88.6	91.3	91.3	89.6	90.1	73.4	79.1	76.2	74.1	56.7	63.1	65.9	63.3	79.5
	浙江	82.3	79.8	80.4	77.4	83.3	83.5	79.6	81.1	55.5	68.1	63.2	63.9	48.7	48.9	52.7	34.3	67.7
	福建	81.5	81.5	83.0	82.0	88.9	89.9	88.3	88.9	68.7	79.6	76.9	76.6	65.7	70.8	67.5	52.6	77.6
	山东	66.0	64.2	72.2	74.6	82.7	83.4	81.0	82.8	24.6	48.0	45.8	44.2	51.1	70.5	72.1	62.1	64.1
	广东	40.5	80.6	84.0	84.7	89.9	92.3	92.1	93.1	80.2	86.6	84.1	80.8	73.4	79.0	67.4	50.0	78.7
东部均值		71.8	74.2	78.0	77.8	82.9	85.2	83.2	84.2	54.8	66.1	61.8	58.4	49.6	59.1	60.4	46.5	68.4
中部	山西	79.6	80.4	83.3	82.5	88.9	88.5	87.2	87.5	52.7	75.2	74.0	74.4	72.5	69.9	72.8	65.8	77.2
	吉林	81.6	83.4	86.5	86.8	92.0	93.1	92.9	93.4	71.0	82.6	82.7	81.1	80.7	80.8	81.6	79.4	84.3
	黑龙江	83.0	84.4	87.4	87.1	91.7	91.8	91.1	91.5	70.4	83.0	82.4	80.8	79.7	82.7	83.6	82.5	84.6
	安徽	79.7	82.1	82.6	82.1	88.8	89.7	88.2	88.6	12.6	39.0	28.2	13.8	0.0	0.0	0.0	0.0	48.5
	江西	86.5	86.7	87.6	86.7	91.5	93.0	92.5	93.0	68.0	76.8	73.5	71.9	51.0	65.6	66.8	57.8	78.1
	河南	82.8	85.2	87.7	86.3	91.5	92.4	91.9	92.3	60.7	68.5	61.9	54.7	47.5	67.1	67.6	54.1	74.5
	湖北	88.3	89.3	91.1	90.6	94.0	94.4	94.0	94.1	75.6	84.5	81.8	78.5	67.5	72.2	72.1	62.3	83.1
	湖南	13.3	76.8	78.8	78.0	85.2	85.3	83.1	83.1	44.9	68.0	66.1	63.7	59.1	66.5	64.8	47.7	66.5
中部均值		82.9	85.0	87.3	86.7	91.7	92.3	91.7	92.1	65.5	77.7	75.9	73.0	69.0	74.5	75.3	69.6	80.6
西部	内蒙古	80.1	82.2	85.4	85.6	90.8	91.7	89.8	90.7	59.8	66.5	63.2	62.8	44.0	63.5	66.4	56.9	73.7
	广西	85.3	86.0	87.9	87.1	91.6	91.6	90.2	90.2	62.5	75.3	72.4	69.3	63.0	67.2	68.0	55.6	77.7
	四川	92.5	92.3	93.0	92.5	95.2	95.7	95.0	94.7	79.5	87.5	80.8	85.3	78.4	86.8	87.5	83.2	88.8
	贵州	81.1	84.5	85.7	86.5	90.8	91.9	91.4	92.2	76.1	83.8	83.7	83.7	75.7	76.8	76.6	71.4	83.2
	云南	88.3	89.6	91.3	88.6	93.3	94.2	94.2	94.2	84.6	89.7	88.9	89.3	83.3	83.0	83.9	78.1	88.4
	陕西	88.6	88.6	89.0	89.1	93.2	93.5	93.2	93.4	69.0	78.9	77.1	74.9	71.9	76.4	74.2	69.2	82.6
	甘肃	76.6	81.1	85.3	85.5	90.2	90.9	89.9	89.3	56.9	70.6	67.1	63.1	57.8	62.4	62.8	56.6	74.1
	宁夏	82.0	82.7	85.2	84.3	91.2	92.4	91.1	90.8	41.1	59.3	56.1	49.7	41.9	60.3	64.7	52.6	70.3
	青海	81.6	81.1	81.1	80.9	89.9	90.6	90.1	90.6	66.7	74.2	71.8	72.0	57.0	69.7	66.2	60.7	76.5
	新疆	92.6	91.9	89.6	91.8	92.6	94.1	92.8	93.5	75.5	84.4	83.0	81.4	79.4	81.2	81.5	71.2	86.0
西部均值		85.7	86.8	88.1	88.2	92.1	92.8	91.9	92.1	68.2	78.5	75.6	75.5	67.1	74.4	75.0	68.5	81.3
全国均值		79.7	81.6	84.1	84.1	89.3	90.0	88.8	89.3	62.2	73.9	71.1	68.5	62.4	69.5	70.1	62.3	76.7

附表7 2000~2015年我国内地的28个省级行政区域农产品物流业Malmquist生产率指数

区域	省份	2000~2001	2001~2002	2002~2003	2003~2004	2004~2005	2005~2006	2006~2007	2008~2009	2009~2010	2010~2011	2011~2012	2012~2013	2013~2014	2014~2015	历年平均值
东部	北京	1.09	0.96	0.83	1.09	0.97	0.94	0.95	0.83	1.08	1.06	0.95	0.99	0.95	0.87	0.97
	天津	1.01	1.18	1.01	1.73	1.14	0.97	1.10	2.89	0.98	1.01	0.63	0.39	1.10	0.67	1.13
	河北	1.10	1.06	1.11	1.27	1.19	1.04	1.03	0.95	1.14	1.13	1.04	0.95	1.01	0.91	1.07
	辽宁	0.92	1.08	1.21	1.21	1.09	1.05	1.29	1.03	1.08	1.06	1.05	0.89	0.95	0.96	1.06
	上海	1.08	1.11	0.89	1.17	1.17	1.06	1.04	0.73	1.27	1.02	1.05	0.61	1.28	1.00	1.03
	江苏	1.02	1.08	1.20	1.34	1.24	1.17	1.13	1.01	1.14	1.20	1.12	0.90	0.99	0.77	1.09
	浙江	1.18	1.15	1.23	1.29	1.22	1.21	1.10	0.97	1.18	1.12	0.99	0.91	1.01	1.00	1.11
	福建	1.02	1.05	1.16	1.11	1.11	1.14	1.05	0.89	1.08	1.03	1.04	0.83	1.16	1.05	1.05
	山东	1.11	0.90	0.96	1.20	1.17	1.12	0.97	0.96	0.97	0.99	0.81	0.60	1.18	0.97	0.98
	广东	0.34	0.98	1.02	1.18	0.97	1.02	1.03	0.94	1.08	1.11	1.31	0.78	1.48	0.97	1.02
东部均值		0.99	1.05	1.06	1.26	1.13	1.07	1.07	1.12	1.10	1.07	1.00	0.79	1.11	0.92	1.05
中部	山西	0.99	1.04	1.07	1.12	1.13	0.99	1.00	0.80	1.04	0.95	0.99	0.99	0.99	0.92	1.00
	吉林	0.89	0.98	0.95	1.07	1.02	0.96	1.01	0.90	0.98	1.06	0.97	0.96	0.97	0.80	0.97
	黑龙江	0.93	0.96	1.02	1.11	1.06	0.99	0.99	0.85	0.99	1.02	0.99	0.90	0.91	0.82	0.97
	安徽	0.95	1.13	1.11	1.09	1.07	1.06	1.07	1.07	1.07	1.12	1.01	1.07	1.00	0.72	1.03
	江西	0.98	1.04	1.06	1.09	0.99	1.04	1.09	0.94	1.12	1.12	1.15	0.76	1.02	0.93	1.02
	河南	0.94	0.98	1.09	1.07	1.06	1.01	1.10	1.13	1.10	1.11	1.05	0.63	0.95	0.87	1.01
	湖北	0.95	0.99	1.09	1.14	1.04	1.00	0.99	0.92	1.23	1.15	1.11	0.84	1.06	0.96	1.03
	湖南	0.28	1.08	1.08	1.18	1.06	1.03	1.02	0.86	1.03	1.00	1.07	0.91	1.00	0.92	0.97
中部均值		0.86	1.03	1.06	1.11	1.05	1.01	1.04	0.92	1.07	1.06	1.06	0.87	0.99	0.87	1.00
西部	内蒙古	0.94	1.02	1.01	1.04	1.01	1.13	1.05	1.01	1.05	1.08	1.01	0.62	0.98	0.94	0.99
	广西	0.97	1.00	1.10	1.12	1.04	1.06	1.06	0.96	1.07	1.08	1.08	0.81	1.01	0.97	1.02
	四川	0.99	1.05	1.04	1.18	1.09	1.12	1.13	0.90	1.26	0.92	0.97	0.65	1.00	0.95	1.02
	贵州	0.89	1.02	1.02	1.12	1.06	1.02	1.00	0.98	0.95	0.99	1.04	0.88	1.03	0.88	0.99
	云南	0.94	1.02	1.20	1.03	1.01	0.96	1.03	0.93	1.00	1.03	0.97	0.99	0.97	0.97	1.02
	陕西	1.03	1.10	1.08	1.09	1.02	0.97	1.03	0.99	1.02	1.05	1.11	0.82	1.05	0.87	1.01
	甘肃	0.88	0.95	1.01	1.14	1.08	1.05	1.14	0.95	1.04	1.07	1.06	0.83	0.95	0.82	1.00
	宁夏	0.95	1.01	1.07	0.98	1.04	1.09	1.08	0.96	1.03	1.05	1.05	0.73	0.96	0.94	0.99
	青海	0.97	1.12	0.98	0.98	1.10	1.03	1.09	0.99	1.08	1.10	1.00	0.69	1.10	0.86	1.00
	新疆	1.05	1.60	0.75	1.69	1.00	1.14	1.07	0.90	1.07	1.04	1.00	0.97	0.89	0.89	1.07
西部均值		0.96	1.09	1.03	1.14	1.05	1.06	1.08	0.96	1.05	1.04	1.04	0.79	0.99	0.91	1.01
全国均值		0.94	1.06	1.05	1.17	1.08	1.05	1.06	1.00	1.07	1.06	1.03	0.82	1.02	0.90	1.02

附表8 2000~2015年我国内地的28个省级行政区域农产品物流业技术效率变化指数 单位:%

区域	省份	2000~2001	2001~2002	2002~2003	2003~2004	2004~2005	2005~2006	2006~2007	2008~2009	2009~2010	2010~2011	2011~2012	2012~2013	2013~2014	2014~2015	历年平均值
东部	北京	1.04	0.81	0.80	0.63	0.87	1.01	0.88	0.61	1.16	1.07	1.15	0.97	0.96	1.16	0.98
	天津	1.00	1.00	1.00	1.00	1.00	1.00	1.00	2.15	1.00	1.00	0.80	0.40	1.06	0.94	1.03
	河北	1.06	0.89	1.07	0.73	1.03	1.10	0.93	0.71	1.18	1.10	1.34	0.98	0.97	1.26	1.03
	辽宁	0.92	0.91	1.19	0.70	0.98	1.14	1.19	0.76	1.14	1.06	1.29	0.89	0.94	1.34	1.02
	上海	1.04	0.93	0.86	0.68	1.03	1.12	0.93	0.54	1.34	1.02	1.35	0.59	1.30	1.31	1.02
	江苏	0.97	0.91	1.14	0.76	1.05	1.22	1.00	0.76	1.18	1.16	1.44	0.92	0.96	1.08	1.05
	浙江	1.10	0.97	1.17	0.73	1.01	1.24	0.96	0.73	1.21	1.07	1.27	0.94	0.97	1.39	1.04
	福建	0.98	0.88	1.11	0.63	0.97	1.20	0.95	0.67	1.13	1.01	1.31	0.84	1.13	1.47	0.98
	山东	1.07	0.76	0.93	0.69	1.02	1.18	0.88	0.71	1.02	0.98	1.00	0.60	0.95	1.36	0.96
	广东	0.33	0.83	0.98	0.67	0.84	1.07	0.95	0.70	1.14	1.10	1.61	0.78	1.47	1.33	1.00
东部均值		0.95	0.89	1.02	0.72	0.98	1.13	0.96	0.83	1.15	1.06	1.26	0.79	1.07	1.26	1.01
中部	山西	0.99	0.88	1.05	0.65	1.01	1.06	0.92	0.59	1.10	0.94	1.23	0.99	0.97	1.29	0.98
	吉林	0.90	0.83	0.94	0.62	0.96	1.04	0.94	0.66	1.04	1.06	1.20	0.96	0.96	1.12	0.94
	黑龙江	0.94	0.82	1.00	0.65	0.97	1.06	0.93	0.62	1.06	1.03	1.19	0.89	0.91	1.10	0.94
	安徽	0.93	0.96	1.08	0.62	0.96	1.06	0.96	0.74	1.12	1.08	1.38	1.00	1.00	1.00	1.00
	江西	0.95	0.88	1.02	0.62	0.84	1.08	0.97	0.70	1.16	1.08	1.49	0.78	0.99	1.30	0.99
	河南	0.92	0.83	1.05	0.62	0.92	1.07	1.00	0.84	1.16	1.10	1.30	0.63	0.95	1.20	0.97
	湖北	0.94	0.84	1.06	0.66	0.91	1.07	0.90	0.68	1.30	1.13	1.40	0.85	1.04	1.34	1.01
	湖南	0.28	0.92	1.06	0.68	0.96	1.12	0.95	0.63	1.10	1.01	1.30	0.91	1.00	1.26	0.94
中部均值		0.86	0.87	1.03	0.64	0.94	1.08	0.95	0.68	1.13	1.05	1.31	0.88	0.98	1.20	0.97
西部	内蒙古	0.93	0.87	0.98	0.60	0.88	1.19	0.94	0.76	1.08	1.04	1.32	0.64	0.94	1.29	0.96
	广西	0.96	0.85	1.07	0.65	0.93	1.14	0.98	0.71	1.14	1.07	1.34	0.82	0.99	1.36	1.00
	四川	0.97	0.89	1.01	0.68	0.96	1.19	1.03	0.67	1.31	0.90	1.23	0.66	0.98	1.33	0.99
	贵州	0.88	0.86	0.99	0.65	0.92	1.08	0.91	0.73	1.00	0.98	1.31	0.90	0.99	1.21	0.96
	云南	0.92	0.87	1.17	0.59	0.88	1.02	0.69	1.05	1.01	1.32	0.99	0.96	1.35	0.99	
	陕西	1.03	0.94	1.05	0.63	0.92	1.05	1.09	0.71	1.08	1.05	1.36	0.82	0.98	1.18	0.98
	甘肃	0.87	0.80	0.98	0.66	0.95	1.12	0.96	0.71	1.00	1.06	1.31	0.84	0.93	1.14	0.97
	宁夏	0.93	0.85	1.04	0.56	0.91	1.16	0.99	0.71	1.09	1.04	1.27	0.74	0.89	1.31	0.96
	青海	0.94	0.94	0.94	0.56	0.94	1.08	0.97	0.74	1.11	1.06	1.30	0.71	1.05	1.17	0.96
	新疆	1.05	1.35	0.73	0.98	0.87	1.21	0.96	0.67	1.06	0.99	1.28	0.89	0.97	1.24	1.02
西部均值		0.95	0.92	1.00	0.66	0.92	1.12	0.98	0.71	1.10	1.02	1.30	0.80	0.97	1.26	0.98
全国均值		0.92	0.89	1.02	0.67	0.94	1.11	0.96	0.74	1.13	1.04	1.29	0.82	1.01	1.24	0.99

附表9 2000~2015年我国内地的28个省级行政区域农产品物流业技术进步指数

单位:%

区域	省份	2000~2001	2001~2002	2002~2003	2003~2004	2004~2005	2005~2006	2006~2007	2008~2009	2009~2010	2010~2011	2011~2012	2012~2013	2013~2014	2014~2015	历年平均值
东部	北京	1.04	1.19	1.03	1.73	1.12	0.93	1.08	1.35	0.94	0.99	0.83	1.01	1.00	0.75	1.07
	天津	1.01	1.18	1.01	1.73	1.14	0.97	1.10	1.35	0.98	1.01	0.79	0.98	1.03	0.72	1.07
	河北	1.04	1.18	1.04	1.74	1.15	0.95	1.11	1.34	0.96	1.03	0.78	0.97	1.04	0.72	1.08
	辽宁	1.00	1.18	1.02	1.72	1.11	0.93	1.08	1.35	0.94	1.00	0.82	1.00	1.01	0.72	1.06
	上海	1.04	1.18	1.03	1.73	1.14	0.94	1.11	1.34	0.95	1.00	0.78	1.04	0.99	0.76	1.07
	江苏	1.05	1.19	1.05	1.76	1.18	0.96	1.13	1.34	0.97	1.04	0.78	0.98	1.03	0.72	1.08
	浙江	1.07	1.19	1.05	1.76	1.20	0.98	1.15	1.33	0.98	1.04	0.77	0.97	1.04	0.72	1.09
	福建	1.04	1.19	1.04	1.74	1.15	0.95	1.11	1.34	0.95	1.02	0.79	0.98	1.03	0.72	1.07
	山东	1.03	1.18	1.04	1.74	1.15	0.94	1.10	1.35	0.95	1.01	0.81	1.00	1.01	0.72	1.07
	广东	1.05	1.19	1.04	1.75	1.16	0.95	1.11	1.35	0.95	1.01	0.81	1.00	1.01	0.73	1.07
东部均值		1.04	1.18	1.04	1.74	1.15	0.95	1.11	1.34	0.96	1.01	0.80	0.99	1.02	0.73	1.08
中部	山西	1.00	1.18	1.02	1.73	1.12	0.93	1.08	1.35	0.94	1.00	0.81	0.99	1.01	0.71	1.06
	吉林	0.98	1.17	1.01	1.71	1.09	0.92	1.08	1.35	0.94	1.00	0.81	1.00	1.01	0.71	1.06
	黑龙江	0.99	1.18	1.02	1.72	1.10	0.92	1.07	1.36	0.93	0.99	0.83	1.01	1.00	0.75	1.06
	安徽	1.01	1.18	1.03	1.73	1.14	0.94	1.10	1.35	0.95	1.01	0.81	0.99	1.02	0.72	1.07
	江西	1.03	1.18	1.04	1.75	1.17	0.96	1.13	1.34	0.97	1.03	0.77	0.98	1.03	0.72	1.08
	河南	1.02	1.18	1.03	1.74	1.14	0.94	1.11	1.35	0.95	1.01	0.81	1.00	1.01	0.73	1.07
	湖北	1.02	1.18	1.03	1.73	1.13	0.94	1.10	1.35	0.95	1.01	0.79	0.99	1.02	0.71	1.07
	湖南	1.00	1.18	1.02	1.72	1.11	0.92	1.07	1.36	0.93	0.99	0.82	1.01	1.00	0.73	1.06
中部均值		1.01	1.18	1.02	1.73	1.13	0.93	1.09	1.35	0.94	1.01	0.81	0.99	1.01	0.72	1.07
西部	内蒙古	1.01	1.18	1.03	1.74	1.15	0.95	1.12	1.34	0.97	1.04	0.77	0.97	1.05	0.73	1.07
	广西	1.02	1.18	1.03	1.73	1.13	0.93	1.08	1.35	0.94	1.00	0.81	1.00	1.01	0.71	1.07
	四川	1.02	1.18	1.03	1.74	1.14	0.94	1.10	1.35	0.96	1.03	0.79	0.99	1.02	0.71	1.07
	贵州	1.02	1.18	1.03	1.74	1.14	0.94	1.10	1.35	0.95	1.02	0.79	0.99	1.02	0.72	1.07
	云南	1.02	1.18	1.03	1.74	1.15	0.95	1.11	1.35	0.95	1.01	0.81	1.00	1.03	0.72	1.07
	陕西	1.00	1.18	1.02	1.73	1.12	0.93	1.08	1.35	0.94	1.00	0.81	1.00	1.00	0.74	1.06
	甘肃	1.01	1.18	1.03	1.73	1.14	0.94	1.10	1.35	0.94	1.00	0.81	0.99	1.02	0.72	1.07
	宁夏	1.02	1.18	1.03	1.74	1.14	0.94	1.10	1.35	0.95	1.00	0.81	1.00	1.01	0.72	1.07
	青海	1.03	1.19	1.04	1.75	1.17	0.96	1.12	1.34	0.97	1.04	0.77	0.97	1.05	0.73	1.08
	新疆	1.00	1.18	1.03	1.73	1.15	0.95	1.11	1.35	0.95	1.01	0.81	1.00	1.01	0.72	1.07
西部均值		1.02	1.18	1.03	1.74	1.14	0.94	1.10	1.35	0.95	1.02	0.80	0.99	1.02	0.72	1.07
全国均值		1.02	1.18	1.03	1.74	1.14	0.94	1.10	1.35	0.95	1.01	0.80	0.99	1.02	0.72	1.07

附表10　2000~2015年我国内地的28个省级行政区域农产品物流业纯技术效率变化指数　单位:%

区域	省份	2000~2001	2001~2002	2002~2003	2003~2004	2004~2005	2005~2006	2006~2007	2008~2009	2009~2010	2010~2011	2011~2012	2012~2013	2013~2014	2014~2015	历年平均值
东部	北京	1.02	0.80	0.79	0.63	0.87	1.01	0.88	0.61	1.16	1.07	1.15	0.97	0.96	1.16	0.93
	天津	1.00	1.00	1.00	1.00	1.00	1.00	1.00	1.85	1.00	1.00	0.81	0.41	1.07	0.91	1.00
	河北	1.05	1.14	1.29	0.20	6.16	1.00	1.00	0.99	1.14	1.29	1.00	1.00	1.00	1.00	1.38
	辽宁	0.75	0.91	2.19	0.38	3.97	0.94	1.62	1.07	1.08	1.07	1.10	1.00	1.00	1.00	1.29
	上海	1.00	1.00	1.00	0.39	2.56	1.00	1.00	0.73	1.21	1.13	1.00	0.74	1.35	1.00	1.08
	江苏	0.97	0.91	1.14	0.76	1.05	1.40	1.34	0.84	0.98	1.40	1.04	1.29	0.93	0.80	1.06
	浙江	1.10	0.97	1.17	0.73	1.01	1.24	0.96	0.58	1.21	1.07	1.28	0.94	0.96	1.40	1.04
	福建	0.98	0.88	1.11	0.63	0.97	1.20	0.95	1.00	1.13	1.01	1.31	0.84	1.13	1.47	1.01
	山东	1.00	1.00	1.00	1.00	0.91	1.10	0.86	1.00	1.00	1.00	1.00	0.55	0.98	0.98	0.96
	广东	0.27	0.55	0.88	0.62	0.84	1.07	0.60	0.57	1.14	1.10	1.61	0.78	1.47	1.36	0.94
东部均值		0.91	0.92	1.16	0.64	1.93	1.10	1.05	0.88	1.10	1.11	1.13	0.85	1.08	1.11	1.07
中部	山西	0.99	0.88	1.05	0.67	0.98	1.06	0.92	0.50	1.10	0.94	1.23	0.99	0.97	1.29	0.95
	吉林	0.90	0.83	0.94	0.62	1.00	1.04	0.94	0.89	0.94	1.07	0.95	1.22	0.92	0.76	1.00
	黑龙江	0.93	0.53	1.95	0.34	2.57	0.78	1.17	0.85	1.07	0.98	1.20	0.96	0.91	0.84	1.02
	安徽	0.93	0.66	1.08	0.62	0.94	1.00	0.99	0.60	1.07	1.00	1.13	0.97	0.95	1.10	0.97
	江西	0.95	0.88	1.02	0.62	0.84	1.08	0.97	0.57	1.16	1.08	1.49	0.78	0.99	1.30	1.08
	河南	0.81	0.94	1.28	0.19	4.12	0.98	1.03	1.15	1.11	1.11	1.17	0.70	0.91	0.90	1.12
	湖北	0.76	0.72	1.52	0.35	2.23	0.80	1.08	0.82	1.24	1.11	1.07	0.86	1.03	1.23	1.00
	湖南	0.26	0.92	1.06	0.68	0.96	1.12	0.95	0.54	1.10	1.01	1.30	0.91	1.00	1.28	0.97
中部均值		0.82	0.80	1.24	0.51	1.70	0.98	1.00	0.78	1.10	1.04	1.18	0.93	0.97	1.08	1.01
西部	内蒙古	0.93	0.87	0.98	0.60	0.88	1.19	0.94	0.72	0.91	1.22	1.13	0.64	0.94	1.30	0.95
	广西	0.96	0.85	1.07	0.65	0.93	1.19	0.98	0.60	1.14	1.07	1.35	0.82	0.99	1.36	0.99
	四川	0.97	0.89	1.01	0.68	0.96	1.19	1.03	0.56	1.31	0.90	1.23	0.66	0.98	1.33	0.98
	贵州	0.73	0.86	1.34	0.48	0.92	1.00	0.91	0.60	1.00	0.98	1.31	0.90	0.99	1.22	0.95
	云南	0.92	0.87	1.20	0.59	0.92	1.02	0.63	1.05	1.01	1.34	0.97	1.03	0.95	1.43	0.99
	陕西	1.03	0.94	1.05	0.63	0.92	1.05	1.01	1.08	1.01	1.36	0.82	0.98	1.22	0.98	0.98
	甘肃	0.87	0.80	0.98	0.66	0.95	1.12	0.99	0.85	0.96	1.01	1.04	0.84	0.93	1.14	0.94
	宁夏	1.00	0.19	1.32	4.04	0.14	1.16	6.29	1.00	1.00	1.00	1.00	1.00	1.00	1.00	1.51
	青海	0.94	0.94	0.94	0.56	0.94	1.08	0.97	0.61	1.11	1.06	1.30	0.71	1.05	1.18	0.96
	新疆	1.05	1.35	0.73	0.98	0.87	1.21	0.96	0.64	1.07	0.98	1.28	0.91	1.20	1.20	1.02
西部均值		0.94	0.86	1.06	0.99	0.84	1.12	1.51	0.64	1.07	0.98	1.28	0.91	0.97	1.20	1.03
全国均值		0.89	0.86	1.15	0.71	1.49	1.07	1.19	0.77	1.09	1.05	1.20	0.90	1.01	1.13	1.04

附表11 2000~2015年我国内地的28个省级行政区域农产品物流业规模效率变化指数 单位:%

区域	省份	2000~2001	2001~2002	2002~2003	2003~2004	2004~2005	2005~2006	2006~2007	2008~2009	2009~2010	2010~2011	2011~2012	2012~2013	2013~2014	2014~2015	历年平均值
东部	北京	1.03	1.02	1.02	1.00	1.00	1.00	1.00	1.00	1.00	1.00	1.00	1.00	1.00	1.00	1.00
	天津	1.00	1.00	1.00	1.00	1.00	1.00	1.16	1.00	1.00	0.99	0.98	1.00	1.03	1.01	
	河北	1.01	0.78	0.83	3.75	0.17	1.10	0.93	0.72	1.04	0.85	1.34	0.98	0.97	1.26	1.12
	辽宁	1.22	1.00	0.54	1.84	0.25	1.21	0.74	0.71	1.06	0.99	1.17	0.89	0.94	1.34	0.99
	上海	1.04	0.93	0.86	1.73	0.40	1.12	0.93	0.74	1.11	0.91	1.35	0.79	0.96	1.31	1.01
	江苏	1.00	1.00	1.00	1.00	1.00	0.87	0.74	0.91	1.20	0.83	1.39	0.71	1.03	1.36	1.00
	浙江	1.00	1.00	1.00	1.00	1.00	1.00	1.25	1.00	1.00	1.00	1.00	1.00	0.99	1.02	
	福建	1.00	1.00	1.00	1.00	1.00	1.00	1.21	1.00	1.00	1.00	1.00	1.00	1.00	1.01	
	山东	1.07	0.76	0.93	0.69	1.13	1.08	1.02	0.71	1.02	0.98	1.00	1.00	0.97	1.38	0.99
	广东	1.21	1.50	1.11	1.08	1.00	1.00	1.00	1.22	1.00	1.00	1.00	1.00	1.00	0.98	1.08
东部均值		1.06	1.00	0.93	1.41	0.79	1.04	0.94	0.96	1.04	0.96	1.12	0.94	0.99	1.17	1.02
中部	山西	1.00	1.00	1.00	0.97	1.03	1.00	1.00	1.18	1.00	1.00	1.00	1.00	1.00	1.00	1.01
	吉林	1.00	1.00	1.00	1.00	1.00	1.00	1.00	0.74	1.11	0.99	1.26	0.78	1.04	1.47	1.03
	黑龙江	1.00	1.54	0.52	1.94	0.38	1.38	0.80	0.73	0.99	1.05	0.99	0.93	1.01	1.30	1.04
	安徽	1.00	1.46	1.00	1.00	1.00	1.00	1.00	0.82	1.05	1.04	1.38	1.00	1.00	1.00	1.05
	江西	1.00	1.00	1.00	1.00	1.00	1.00	1.00	1.24	1.00	1.00	1.00	1.00	1.00	1.00	1.02
	河南	1.13	0.88	0.82	3.27	0.22	1.09	0.97	0.73	1.04	0.99	1.11	0.89	1.03	1.33	1.11
	湖北	1.23	1.17	0.70	1.88	0.41	1.33	0.84	0.83	1.05	1.01	1.30	0.99	1.01	1.09	1.06
	湖南	1.08	1.00	1.00	1.00	1.00	1.00	1.00	1.17	1.00	1.00	1.00	1.00	1.00	0.99	1.02
中部均值		1.06	1.13	0.88	1.51	0.75	1.10	0.95	0.93	1.03	1.01	1.13	0.95	1.01	1.15	1.04
西部	内蒙古	1.00	1.00	1.00	1.00	1.00	1.00	1.00	1.05	1.18	0.85	1.17	1.00	1.00	1.00	1.02
	广西	1.00	1.00	1.00	1.00	1.00	1.00	1.00	1.17	1.00	1.00	1.00	1.00	1.00	1.00	1.01
	四川	1.00	1.00	1.00	1.00	1.00	1.00	1.00	1.20	1.00	1.00	1.00	1.00	1.00	1.00	1.01
	贵州	1.20	1.00	0.74	1.35	1.00	1.00	1.00	1.21	1.00	1.00	1.00	1.00	1.00	1.00	1.04
	云南	1.00	1.00	0.97	1.01	1.02	1.00	1.00	1.09	1.00	1.00	0.98	0.96	0.99	1.04	1.00
	陕西	1.00	1.00	1.00	1.00	1.00	1.00	1.00	1.00	1.00	1.00	1.00	1.00	1.00	0.96	1.01
	甘肃	1.00	1.00	1.00	1.00	1.00	1.00	1.00	0.84	1.14	1.06	1.26	1.00	1.00	1.00	1.02
	宁夏	0.93	4.57	0.78	0.14	6.65	1.00	0.16	0.71	1.09	1.04	1.27	0.74	0.89	1.31	1.52
	青海	1.00	1.00	1.00	1.00	1.00	1.00	1.00	1.22	1.00	1.00	1.00	1.00	0.99	1.02	
	新疆	1.00	1.00	1.00	1.00	1.00	1.00	1.04	0.99	1.01	1.00	0.98	0.99	1.03	1.00	
西部均值		1.01	1.36	0.95	0.95	1.57	1.00	0.92	1.07	1.04	1.00	1.07	0.97	0.99	1.03	1.07
全国均值		1.03	1.28	0.93	1.14	1.30	1.03	0.93	1.02	1.04	1.00	1.09	0.96	1.00	1.07	1.06

参考文献

[1] 杨军,葛孚桥. 现代农产品物流体系建设与运行的财政支持政策探讨 [J]. 生态经济, 2011 (3): 144 – 147, 188.

[2] 边胜男. 美国农产品物流的发展及对中国的启示 [J]. 世界农业, 2010 (12): 21 – 23.

[3] Verter V, Dincer M C. Facility Location and Capacity Acquisition: An Intergrated Approach [J]. Naval Research Logistics, 1995 (42): 41 – 60.

[4] Godfrey G A, Powell W B. Adaptive estimation of daily demands with complex calendar effects for freight transportation [J]. Transportation Research Part B: Methodological, 2000, 34 (6): 451 – 469.

[5] Amiri A. Designing a distribution network in a supply chain system: formulation and efficient solution procedure [J]. European Journal of Operational Research, 2006, 171 (2): 567 – 576.

[6] Shigeru Y, Naoto K. A model for the optimal number and locations of public distribution centers and its application to the Tokyo metropolitan area [J]. International Journal of Industrial Engineering: Theory Applications and Practice, 2002, 9 (4): 363 – 371.

[7] Selim H, Ozkarahan I. A supply chain distribution network design model: an interactive fuzzy goal programming – based solution approach [J]. International Journal of Advanced Manufacturing Technology, 2008 (36): 401 – 418.

[8] Meléndez M F. The logistics and transportation problems of Latin American integration efforts: the Andean Pact: a case of study [D]. Knoxville: University of Tennessee, 2001.

[9] Taniguchi E, Thompson R G, Yamada T, et al. City logistics: network modelling and intelligent transport systems [M]. Oxford: Pergamon Press, 2001.

[10] Goetschalckx M, Vidal C J, Dogan K. Modeling and design of global logis-

tics systems: a review of integrated strategic and tactical models and design algorithms [J]. European Journal of Operational Research, 2002, 143 (1): 1 – 18.

[11] Sarmiento M A, Nagi R. A Review of Integated Analysis of Production Distribution Systems [J]. IIE Transactions, 1999 (31): 1061 – 1074.

[12] Pontrandolfo P. Global Manufacturing: A Review and a Framework for Planning in a Global Corporation [J]. International Journal of Production Research, 1999, 37 (1): 1 – 19.

[13] Jiang B, Prater E. Distribution and Logistics Development in China – The Revolution has Begun [J]. International Journal of Physical Distribution & Logistics Management, 2002, 32 (9): 783 – 798.

[14] O' Connor K. Global city regions and the location of logistics activity [J]. Europen Journal of Operational Research, 2003, 144 (2): 247 – 256.

[15] Kouvelis P, Rosenblatt M J. A mathematical Programming Model for Global Supply Chain Management: Conceptual Approach and Managerial Insights [M]. New York: Springer, 2005: 245 – 277.

[16] Ahn Y. Cometencies for Port and Logistics Personnel: An Application of Regional Human Resource Development [J]. Asia Pacific Education Review, 2008 (4): 542 – 551.

[17] Stock J R, Lambert D M. Strategic Logistics Management [M]. Boston: McGraw – Hill/Irwin, 2001.

[18] Rodrigue J P, Hesse M. Globalized Trade and Logistics: North America Perspectives [J]. Globalized Freight, Transport Economics, Management and Policy Series, 2007: 103 – 134.

[19] Kaneko J, Nojiri W. The logistics of Just – in – Time between parts suppliers and car assemblers in Japan [J]. Journal of Transport Geography, 2008, 16 (3): 155 – 173.

[20] Lai A Y, He J A. A Proposed ASEAN Disaster Response, Training and Logistic Centre Enhancing Regional Govemance in Disaster Management [J]. Transit Study Review, 2009 (16): 299 – 315.

[21] Trunick P A. Is your region logistics friendly? [J]. Transportation & Distribution, 1999, 40 (5): 5.

[22] Loo B P Y, Hook B. Interplay of International, National and Local Factors in Shaping Container Port Development: A Case Study of Hong Kong [J]. Transport Review, 2002, 22 (2): 219 – 245.

[23] Aljohani K, Thompson R G. Impacts of logistics sprawl on the urban envi-

ronment and logistics: taxonomy and review of literature [J]. Journal of Transport Geography, 2016, 57: 255 – 263.

[24] Mangla S K, Govindan K, Luthra S. Critical success factors for reverse logistics in Indian industries: a structural model [J]. Journal of Cleaner Production, 2016, 129 (15): 608 – 621.

[25] Szostak R W. Role of Transportation in the Industrial Revolution: A Comparison of England and France [M]. Montreal: McGill – Queen's Press – MQUP, 1991.

[26] Honeyman J S, Titus M, Barber J. A Logistics Support Program for Rural Economic Development [R]. Fargo: Upper Great Plains Transportation Institute, North Dakota State University, 1996.

[27] Talley W. Linkages between transportation infrastructure investment and economic production [J]. Logistics and Transportation Review, 1996, 32 (1): 145 – 154.

[28] Rondinelli D, Berry M. Multimodal Transportation, Logistics and the Environment: Managing Interactions in a Global Economy [J]. European Management Journal, 2000 (18): 398 – 410.

[29] Pedersen P O. Freight transport under globalization and its impact on Africa [J]. Journal of Transport Geography, 2001, 9 (2): 85 – 99.

[30] Kulshreshtha M, Nag B, Kulshrestha M. A multivariate cointegrating vector auto regressive model of freight transport demand: evidence from Indian railways [J]. Transportation Research Part A: Policy and Practice, 2001, 35 (1): 29 – 45.

[31] Yergaliyev R, Raimbekov Z. The Development of the Logistics System of Kazakhstan as a Factor in Increasing its Competitiveness [J]. Procedia Economics and Finance, 2016 (39): 71 – 75.

[32] Liu X. The Impact of Logistics Costs on the Economic Development: The Case of Thailand [J]. Business and Public Administration Studies, 2016, 10 (1): 37 – 42.

[33] Debate K G. Air transportation and urban – economic restructuring: competitive advantage in the US Carolinas [J]. Journal of Air Transport Management, 1999, 5 (4): 211 – 221.

[34] Button K, Taylor S. International air transportation and economic development [J]. Journal of Air Transport Management, 2000, 6 (4): 209 – 222.

[35] Sat R. Transportation and economic development: a US – Japan comparison [J]. Japan and the World Economy, 2000, 12 (1): 103 – 106.

[36] Brahman J. Transportation – economic aspects of Roman highway development: the case of Via Apia [J]. Transportation Research Part A: Policy and Practice, 2003, 37 (5): 453 – 478.

[37] Ham H, Kim T J, Boyce D. Assessment of economic impacts from unexpected events with an interregional commodity flow and multimodal transportation network model [J]. Tansportation Research Part A: Policy and Practice, 2005, 39 (10): 849 – 860.

[38] Lahiri K, Yao V W. Economic indicators for the US transportation sector [J]. Transportation Research Part A: Policy and Practice, 2006, 40 (10): 872 – 857.

[39] 王玉君, 宋戈平. 区域物流市场与市场竞争博弈 [J]. 技术经济, 2003 (6): 34 – 35.

[40] 桂寿平, 朱强, 陆丽芳等. 区域物流系统动力学模型及其算法分析 [J]. 华南理工大学学报 (自然科学版), 2003 (10): 36 – 40.

[41] 戴禾, 杨东援, 李群峰. 物流基础设施布局模型 [J]. 交通运输工程学报, 2002 (2): 102 – 105.

[42] 周恒, 季晓亮. 区域物流信息系统和平台及关键技术分析 [J]. 交通标准化, 2003 (7): 50 – 54.

[43] 李旭宏, 张永, 毛海军等. 基于增长极理论的区域物流法研究 [J]. 公路交通科技, 2005 (9): 150 – 154.

[44] 陶经辉. 区域中心城市物流配送体系建设研究 [J]. 物流技术, 2006 (3): 24 – 27.

[45] 平海. 谈谈区域物流发展及规划 [J]. 中国物流与采购, 2003 (5): 18 – 19.

[46] 王建华. 区域物流发展规划理论与实践研究 [D]. 西安: 长安大学, 2005.

[47] 郑吉春, 张文杰, 汪晓霞. 区域物流中心选址的系统动力学分析 [J]. 北京科技大学学报, 2006, 28 (2): 203 – 206.

[48] 刘秉镰. 基于经济发展关联机制的城市物流规划方法研究 [D]. 北京: 北京交通大学, 2007.

[49] 刘建文. 区域物流规划的理论基础与评价体系研究 [J]. 管理世界, 2009 (8): 178 – 179.

[50] 李旭宏, 李玉民, 顾政华等. 基于层次分析法和熵权法的区域物流发展竞争态势分析 [J]. 东南大学学报 (自然科学版), 2004, 34 (3): 398 – 401.

[51] 邵万清. 物流产业评价指标与方法的探讨 [J]. 物流科技, 2006, 29

(11): 8-10.

[52] 林晓伟,李建军,周熙登. 基于钻石模型的区域物流竞争力评价模型研究[J]. 南昌航空大学学报(社会科学版),2013(2): 34-40.

[53] 黄焕宗. 基于熵权法和优劣解距离法的区域物流产业竞争力评价——以福建省各市的数据为例[J]. 安庆师范学院学报(自然科学版),2016(1): 24-26.

[54] 王振锋,王淮东,徐广印等. 基于非线性主成分分析法的区域物流发展综合评价模型[J]. 河南农业大学学报,2006,40(5): 545-552.

[55] 张建升. 区域物流发展差异及其影响因素研究[J]. 北京交通大学学报,2011(3): 48-53.

[56] 陈海波,王世勇. 江苏省区域物流业发展水平的比较分析[J]. 江苏商论,2011(11): 69-71.

[57] 刘子玉,肖静. 长吉图区域物流产业不均衡性与集聚的测度分析[J]. 经济地理,2012(12): 66-67.

[58] 海峰,武兰芬,张丽立. 发展区域物流推动区域经济[J]. 科技进步与对策,2004(9): 71-73.

[59] 夏锦文. 区域物流对区域经济的效应分析[J]. 现代物流,2010(9): 101-103.

[60] 张洁. 基于主成分分析的四川省区域物流发展综合评价研究[J]. 价值工程,2014(1): 29-31.

[61] 张竞轶. 区域物流发展多方法评价研究[D]. 北京:北京交通大学,2017.

[62] 卢胜. 现代物流业对城市经济的影响及对策[J]. 经济体制改革,2003(2): 131-134.

[63] 钱晓英,马传秀. 物流对经济增长影响的协整性分析[J]. 湖南大学学报(自然科学版),2007(4): 84-87.

[64] 武志惠,徐扬,申金升. 京津冀地区物流业对经济增长的作用分析[J]. 物流科技,2007(4): 58-60.

[65] 刘南,赵成锋,陈远高. 现代物流与经济发展——理论、方法与实证分析[M]. 北京:中国物资出版社,2007.

[66] 崔国辉,李显生. 区域物流与经济发展协整与因果互动机制[J]. 交通运输工程学报,2010,10(5): 90-96.

[67] 邵扬,姚薇娜. 物流业与区域经济增长——基于中国省际面板数据的实证研究[J]. 长春理工大学学报(社会科学版),2010,23(2): 43-45.

[68] 张诚, 周敏. 中部区域物流区域经济协同发展研究 [J]. 物流工程与管理, 2010, 32 (10): 76-78.

[69] 高秀丽, 王爱虎, 房兴超. 广东省区域物流与区域经济增长关系的实证研究 [J]. 工业工程, 2012, 15 (1): 60-65.

[70] 赵莉, 宋国宇. 物流业与区域经济一体化协调发展的实证及理论解释——基于中国省级数据的分析 [J]. 技术经济, 2012, 31 (1): 53-59.

[71] 黄毅. 南宁市区域物流发展与经济增长的关系研究 [J]. 内蒙古师范大学学报 (自然科学版), 2013, 42 (4): 458-462.

[72] 海峰, 张丽立, 孙淑生. 区域现代物流模式探讨 [J]. 经济管理·新管理, 2005 (20): 44-50.

[73] 舒辉. 区域物流发展模式选择影响要素分析 [J]. 当代财经, 2010 (12): 71-75.

[74] 况漠. 基于TEB演化机制的区域物流系统优化理论与方法研究 [D]. 成都: 西南交通大学, 2006.

[75] 周平德. 区域物流系统优化: 以珠江三角洲城市群为例 [M]. 北京: 经济管理出版社, 2011.

[76] Shepheld G. Decentralization in Agricultural Marketing – Causes and Consequences [J]. Journal of Marketing, 1942, 4 (4): 345-350.

[77] Costopoulou C I, Lambrou M A. An architecture of Virtual Agricultural Market systems: the case of trading perishable agricultural products [J]. Information Services and Use, 2000, 20 (1): 39-48.

[78] Marsden T, Banks J, Bristow G. Food supply chain approaches: Exploring their role in rural development [J]. Sociologia Ruralis, 2000, 40 (4): 424-438.

[79] Srivastava S K. Green supply – chain management: A state – of – the – art literature review [J]. International Journal of Management Reviews, 2007, 9 (1): 53-80.

[80] Ahumada O, Villalobos R. Application of planning models in the agri – food supply chain: A review [J]. European Journal of Operational Research, 2009 (9): 1-20.

[81] Leat P, Revoredo – Gih C. Enhancing the integration of agriculture food supply chains: the oretical issues practical challenges in the UK malting barley supply chain [J]. Congress of the European Association of Agricultural Economists – EAAE, 2008 (11): 8-14.

[82] Srimanee Y, Routray J K. The fruit and vegetable marketing chains in Thai-

land: Policy impacts and implications [J]. International Journal of Retail & Distribution Management, 2012, 40 (9): 656 – 675.

[83] Stevens G C. Integrating the supply chain [J]. International Journal of Physical Distribution and Materials Management, 1989, 19 (8): 3 – 8.

[84] Iijima M, Komatsub S, Katoh S. Hyrid just – in – time logistics systems and information networks for effective management in perishable food industries [J]. International Journal of Production Economics, 1996 (44): 97 – 103.

[85] Den Ouden M, Dijkhuizen A A, Huirne R B M, et al. Vertical Cooperation in Agricultural Production – Marketing Chains, with Special Reference to Product Differentiation in Pork [J]. Agribusiness, 1996, 12 (3): 277 – 290.

[86] Boehlje M D, Hofing S L, Schroeder R C. Value chains in the agricultural industries [R]. West Lafayette: Department of Agricultural Economics, Purdue University, 1999.

[87] Minegishi S, Thiel D. System dynamics modeling and simulation of a particular food supply chain [J]. Simulation Practice and Theory, 2000 (8): 321 – 339.

[88] McKinnont A. Analysis of Transport Efficiency in the UK Food Supply Chain [R]. Edinburgh: Logistics Research Center, Heriot – Watt University, 2003.

[89] Sodano V, Verneau F. Traceability and food safety: public choices and private incentives [R]. Nepalese: Department of Agricultural Economics and Policy, Univesity of Nepalese Federico II, 2004.

[90] Kramer E. Risk management in the supply chain: improving the safety of fresh fruit and vegetables [M]. Cambridge: Wood Head Publishing Ltd. , 2005.

[91] Yanes – Estévez V, Oreja – Rodríguez J R, García – Pérez A M. Perceived environmental uncertainty in the agrifood supply chain [J]. British Food Journal, 2010, 112 (7): 688 – 709.

[92] Manos B, Manikas I. Traceability in the Greek fresh produce sector: drivers and constraints [J]. British Food Journal, 2010, 112 (6): 640 – 652.

[93] Zack G. Maintaining the cold chain [J]. International Journal of Control, 1998, 73 (12): 20 – 29.

[94] Salin V, Nayga R M. A cold chain network for food exports to developing countries [J]. International Journal of Physical Distribution & Logistics Management, 2003, 33 (10): 918 – 993.

[95] James S J, James C, Evans J A. Modeling of food transportation systems a review [J]. International Journal of Refrigeration, 2006 (29): 947 – 957.

[96] 胡振虎,夏厚俊,万敏.国外农产品物流产业发展的主要经验[J].生态经济,2006(10):242-245.

[97] 张京卫,张兆同.发达国家农产品物流发展分析及启示[J].农业经济,2007(7):71-73.

[98] 王艳,喻晔.美国农产品物流模式对我国的借鉴[J].四川理工学院学报(社会科学版),2008(5):76-78.

[99] 刘飞驰.农产品物流发展中存在的问题与对策[J].农产品加工,2007(5):77-79.

[100] 袁康来.我国农产品物流发展的制约因素分析[J].物流科技,2007(5):28-29.

[101] 谭丹,朱玉林.基于协同理论的农产品绿色供应链实现模式[J].经济问题,2011(1):88-90.

[102] 黄桂红,饶志伟.基于供应链一体化的农产品物流整合探析[J].中国流通经济,2011(2):29-32.

[103] 王道平,李锋,程蕾.我国农产品物流模式的实证研究——基于各省市的聚类分析法[J].财经问题研究,2011(2):108-113.

[104] 樊沙沙.农产品物流运作模式优化与仿真研究[D].郑州:河南农业大学,2011.

[105] Ross A, Droge C. An integrated benchmarking approach to distribution center performance using DEA modeling [J]. Journal of Operations Management, 2002, 20 (1): 19-32.

[106] Borenstein D, Becker J L, Do Prado V J. Measuring the efficiency of Brazilian post office stores using data envelopment analysis [J]. International Journal of Operations & Production Management, 2004, 24 (10): 1055-1078.

[107] Rabinovich E, Knemeyer A M. Logistics service providers in internet supply chains [J]. California Management Review, 2006, 48 (4): 84-108.

[108] Rogers K J. Evaluating the Efficiency of 3PL Logistics Operations [J]. International Journal of Production Economics, 2007 (5): 1-10.

[109] Hamdan A, Rogers K J. Evaluating the efficiency of 3PL logistics operations [J]. International Journal of Production Economics, 2008, 113 (1): 235-244.

[110] Chan F T S, Chan H K, Lau H C W, et al. An AHP approach in benchmarking logistics performance of the postal industry [J]. Benchmarking: An International Journal, 2006, 13 (6): 636-661.

[111] Martinez-Budria E, Diaz-Armas R, Navarro-Ibanez, et al. A study of

the efficiency of Spanish port authorities using data envelopment analysis [J]. International Journal of Transport Economics, 1999, 26 (2): 237 – 253.

[112] Tongzon J L. Efficiency Measurement of Selected Australian and Other International Ports Using Data Envelopment Analysis [J]. Transportation Research A, 2001 (35): 113 – 128.

[113] Barros C P. The measurement of efficiency of Portuguese seaport authorities with DEA [J]. International Journal of Transport Economics, 2003, 30 (3): 335 – 354.

[114] Barros C P, Athanassiou M. Efficiency in European seaports with DEA: Evidence from Greece and Portugal [J]. Maritime Economics and Logistics, 2004 (6): 122 – 140.

[115] Tongzon J, Wu H. Port privatization, efficiency and competitiveness: some empirical evidence from container ports (terminals) [J]. Transportation Research A, 2005 (39): 405 – 424.

[116] Chudasama K M, Pandya K. Measuring Efficiency of Indian Ports: An Application of Data Envelopment Analysis [J]. The Icfai University Journal of Infrastructure, 2008, 6 (2): 45 – 64.

[117] Liu Z. The comparative performance of public and private enterprises [J]. Journal of Transportation Economics and Policy, 1995 (9): 263 – 274.

[118] Coto – Millan P, Banos – Pino J, Rodriguez – Alvarez A. Economic efficiency in Spanish ports: some empirical evidence [J]. Maritime Policy and Management: an International Journal of Shipping and Port Research, 2000, 27 (2): 169 – 174.

[119] Notteboom T, Coeck C, van den Broeck J. Measuring and explaining therelative efficiency of container terminals by means of Bayesian stochastic frontier models [J]. Journal of Maritime Economics, 2000 (2): 83 – 106.

[120] Estache A, Gonzalez M, Trujillo L. Efficiency gains from port reform and the Potential for yardstick competition: lessons from Mexico [J]. World Development, 2002, 30 (4): 545 – 560.

[121] Seabrooke W. Forecasting cargo growth and regional role of the port of Hong Kong [J]. Journal of Transport Geography, 2002 (1): 51 – 64.

[122] Cullinane K, Song D W. A stochastic frontier model of the productive efficiency of Korean container terminals [J]. Applied Economics, 2003 (35): 251 – 267.

[123] Couto A, Graham J D. The Contributions of Technical and Allocative Efficiency to the Economic Performance of European Railways [J]. Portuguese Economic Journal, 2008, 7 (2): 125 – 153.

[124] 于剑. 基于 Malmquist 指数的我国航空公司业全要素生产率分析 [J]. 北京理工大学学报（社会科学版），2008，9（6）：43-46.

[125] 邓学平，王旭. 我国物流企业生产效率发展分析 [J]. 系统工程理论与实践，2009（5）：27-36.

[126] 庄玉良，灵会娟，贺超. 我国物流业效率动态变化的 Malmquist 指数研究 [J]. 统计与决策，2009（5）：21-23.

[127] 姚娟，庄玉良. 所有权结构、物流环境及我国物流业效率 [J]. 财经问题研究，2013（3）：115-122.

[128] 王亚华，吴凡，王争. 交通行业生产率变动的 Bootstrap – Malmquist 指数分析（1980—2005）[J]. 经济学（季刊），2008，7（3）：891-912.

[129] 王刚，雷定猷. 铁路货运投入产出相对有效性评价分析 [J]. 铁道货运，2008（12）：10-13.

[130] 温永建，王勇. 我国现代物流业发展效率的地区差异实证分析 [J]. 统计与决策，2008（20）：107-109.

[131] 林坦，王玲. 基于 SFA 方法的我国区域物流效率分析 [J]. 港口经济，2009（12）：46-49.

[132] 樊敏. 中国八大经济区域物流产业运作效率分析——基于三阶段 DEA 模型 [J]. 现代管理科学，2010（2）：48-50，71.

[133] 王玲. 我国物流产业技术效率实证研究——基于能源消耗与碳排放内生化的测度 [J]. 软科学，2010，29（10）：6-9，15.

[134] 廖敏，洪国彬. 环境规制对中国物流业效率影响的实证研究——非线性面板门槛模型 [J]. 哈尔滨商业大学学报（社会科学版），2015（3）：83-90.

[135] Kliebenstein J B, Lawrence J D. Contracting and Vertical Coordination in the United States Pork Industry [J]. American Journal of Agricultural Economics, 1995 (75): 1213-1218.

[136] Hobbs J E, Young L M. Closer Vertical Co – ordination in Agri – food Supply Chains: A Conceptual Framework and Some Preliminary Evidence [J]. Supply Chain Management: An International Journal, 2000, 5 (3): 131-142.

[137] Quinn J, Murray J. The Drivers of Channel Evolution: A Wholesaling Perspective [J]. International Review of Retail, Distribution and Consumer Research, 2005, 15 (1): 3-25.

[138] 罗必良，王玉蓉，王京安. 农产品流通组织制度的效率决定：一个分析框架 [J]. 农业经济问题，2000（8）：29-31.

[139] 张闯，夏春玉，梁守砚. 关系交换、治理机制与交易绩效：基于蔬菜

流通渠道的比较案例研究［J］.管理世界，2009（8）：124-140.

［140］寇荣，谭向勇．论农产品流通效率的分析框架［J］.中国流通经济，2008（5）：12-15.

［141］张磊，王娜，谭向勇．农产品流通效率的概念界定及评价指标设计［J］.华东经济管理，2011，25（4）：18-21.

［142］欧阳小迅，黄福华．我国农产品流通效率的度量及其决定因素［J］.农业技术经济，2011（2）：76-84.

［143］孙剑．我国农产品流通效率测评与演进趋势——基于1998—2009年面板数据的实证分析［J］.中国流通经济，2011（5）：21-25.

［144］刘东英．农产品现代物流研究框架的试构建［J］.中国农村经济，2005（7）：64-70.

［145］Debreu G. The coefficient of resource utilization［J］. Economerica, 1951, 119（3）：273-292.

［146］Koopmans T C. An Analysis of Production as an Efficient Combination of Activities, in T. C. Koopmans, (Ed.) Acitivity Analysis of Production and Allocation, Cowles Commission for Research in Economics, Monograph, No. 13［M］. New York: Wiley, 1951.

［147］Farrell M J. The Measurement of Productive Efficiency［J］. Journal of Royal Statistical Society, 1957, 120（3）：253-282.

［148］田刚．中国物流业技术效率——技术进步及其地区差异研究［D］.南京：南京航空航天大学，2010.

［149］Drake L, Hall M J B. Efficiency in japanese banking: an empirical analysis［J］. Journal of Banking and Finance, 2003（27）：891-917.

［150］弗朗斯瓦·魁奈．关于手工劳动（载《魁奈经济著作选集》）［M］.吴斐丹，译．北京：商务印书馆，1976：1-372.

［151］亚当·斯密．国富论［M］.胡长明，译．北京：人民日报出版社，2009：4-8.

［152］Tinbergen J. Zur Theorie Der Langristigen Wirtschaftsentwicklung［J］. Weltwirtschaftiches Arehiv, 1942, 55（1）：511-549.

［153］Kendrick J W. Productivity Trends in the United States［M］. Princeton: Princeton University Press, 1961.

［154］Kendrick J W. Postwar Productivity Trends in the U. S. 1948—1969［M］. New York: National Bureau of Economic Researeh, 1973.

［155］Solow R M. Technical Change and the Aggregate Production Function［J］.

Review of Economics and Statistics, 1957 (39): 312 – 320.

[156] Denison E F. Why Growth Rates Differ: Post – war Experience in Nine Western Countries [M]. Washington: Brookings Institution, 1967.

[157] Aigner D J, Chu S F. On Estimating the Industry Production Function [J]. American Economic Review, 1968, 58 (4): 826 – 839.

[158] 董千里, 董明. 关于区域物流理论在我国应用的研究 [J]. 重庆交通学院学报, 1998, 17 (2): 74 – 80.

[159] 海峰, 张丽立, 安进. 怎样认识区域物流 [J]. 中国物流与采购, 2003 (10): 30 – 31.

[160] 李燕. 现代物流与经济增长关系研究——基于浙江省的研究 [D]. 杭州: 浙江大学, 2004.

[161] 李建军. 区域物流协同成长研究 [D]. 南昌: 江西财经大学, 2013.

[162] Strassner E H, Medeiros G W, Smith G M. Annual Industry Accounts: Introducing KLEMS Input Estimates for 1997—2003 [J]. Survey of Current Business, 2005, 85 (9): 31 – 65.

[163] Knemeyer A M, Murphy P R. Evaluating the performance of third – party logistics arrangements: A relationship marketing perspective [J]. Journal of Supply Chain Management, 2004, 40 (1): 35 – 51.

[164] Min H, Joo S J. Benchmarking the operational efficiency of third party logistics providers using data envelopment analysis [J]. Supply Chain Management: An International Journal, 2006, 11 (3): 259 – 265.

[165] Zhou G G, Min H, Xu CH, et al. Evaluating the comparative efficiency of Chinese third – party logistics providers using data envelopment analysis [J]. International Journal of Physical Distribution and Logistics Management, 2008, 38 (4): 262 – 279.

[166] Amer H, Jamie R. Evaluating the Efficiency of 3PL Logistics Operations [J]. International Journal of Production Economics, 2008, 11 (3): 235 – 244.

[167] 李兰冰, 刘秉镰. 我国对外开放机场的动态生产效率研究 [J]. 中国工业经济, 2007 (10): 29 – 36.

[168] 罗俊浩, 崔娥英, 季建华. 基于 DEA – TOBIT 两阶段法的集装箱港口效率及效率影响因素研究 [J]. 科技管理研究, 2013 (5): 236 – 239.

[169] 王琴梅, 谭翠娥. 对西安市物流效率及其影响因素的实证研究——基于 DEA 模型和 Tobit 回归模型的分析 [J]. 软科学, 2013, 27 (5): 70 – 74.

[170] 徐良培, 李淑华. 农产品物流效率及其影响因素研究——基于中国 2000—2011 年省际面板数据的实证分析 [J]. 华中农业大学学报 (社会科学版),

2013 (6): 71-79.

[171] 袁丹, 雷宏振. 丝绸之路经济带物流业效率及其影响因素 [J]. 中国流通经济, 2015 (2): 14-20.

[172] 俞琴. 低碳经济下区域物流效率及其影响因素分析——基于 DEA-Tobit 两阶段法 [D]. 南昌: 华东交通大学, 2015.

[173] 道格拉斯·C. 诺斯. 制度、制度变迁与经济成就 [M]. 刘守英, 译. 上海: 上海三联书店, 1994: 10, 94, 143.

[174] 肖耿. 产权与中国经济改革 [M]. 北京: 中国社会科学出版社, 1997.

[175] 魏楚, 沈满洪. 能源效率及其影响因素: 基于 DEA 的实证分析 [J]. 管理世界, 2007 (8): 66-76.

[176] 涂正革, 肖耿. 中国工业增长模式的转变——大中型企业劳动生产率的非参数生产前沿动态分析 [J]. 管理世界, 2006 (10): 57-81.

[177] Aigner D J, Lovell C A, Schmidt P. Formulation and estimation of stochastic frontier production function models [J]. Journal of Econometrics, 1977, 6 (1): 21-37.

[178] Meeusen W, Broeck J V. Efficiency estimation from Cobb-Douglas production function with composed error [J]. International Economic Review, 1977 (18): 435-444.

[179] Battese G E, Coelli T J. Prediction of firm-level technical efficiencies with a generalized frontier production function and Panel data [J]. Australian Journal of Economics, 1988 (38): 378-399.

[180] Charnes A, Cooper W W, Rhodes E. Measuring the efficiency of decision making units [J]. European Journal of Operational Research, 1978, 2 (6): 429-444.

[181] Banker R D, Charnes A, Cooper W W. Some models for estimating technical and scale inefficiencies in data envelopment analysis [J]. Management Science, 1984, 30 (9): 1078-1092.

[182] Fare R, Crosskopf S. A nonparametric cost approach to scale efficiency [J]. Scandinavian Journal of Economics, 1985, 87 (4): 594-604.

[183] Charnes A, Cooper W W, Wei Q L, et al. Cone Ratio Data Envelopment Analysis and Multi-objective Programming [J]. International Journal of Systems Science, 1989, 20 (7): 1099-1118.

[184] Tone K. A Slack-Based Measure of Efficiency in Data Envelopment Analysis [J]. European Journal of Operational Research, 2001, 130 (3): 498-509.

[185] Tone K. A Slack-Based Measure of Super-Efficiency in Data Envelopment Analysis [J]. European Journal of Operational Research, 2002, 143 (3): 32-41.

[186] 张军扩. "七五"期间经济效益的综合分析——各要素对经济增长贡献率的测算 [J]. 经济研究, 1991 (4): 8-17.

[187] 贺菊煌. 我国资产的估算 [J]. 数量经济技术经济研究, 1992 (8): 24-27.

[188] Chow G C. Capital Formation and Economic Growth in China [J]. The Quarterly Journal of Economics, 1993, 108 (3): 809-842.

[189] 王小鲁, 樊纲. 我国工业增长的可持续性 [M]. 北京: 经济科学出版社, 2000.

[190] 李治国, 唐国兴. 资本形成路径与资本存量调整模型——基于中国转型时期的分析 [J]. 经济研究, 2003 (2): 34-42.

[191] 宋海岩, 刘淄楠. 改革时期中国总投资决定因素的分析 [J]. 世界经济文汇, 2003 (1): 44-56.

[192] 张军, 章元. 对中国资本存量K的再估计 [J]. 经济研究, 2003 (7): 675-699.

[193] 张军, 吴桂英, 张吉鹏. 中国省际物质资本存量估算: 1952—2000 [J]. 经济研究, 2004 (10): 35-44.

[194] Hall R E, Jones C. Why do some countries produce so much more output per worker than others? [J]. The Quarterly Journal of Economics, 1999, 114 (1): 83-116.

[195] 黄勇峰, 任若恩, 刘晓生. 中国制造业资本存量永续盘存法估计 [J]. 经济学(季刊), 2002, 1 (2): 377-396.

[196] 陆远权, 张德钢. 我国区域金融效率测度及效率差异研究 [J]. 经济地理, 2012, 32 (1): 96-101.

[197] 武剑, 杨爱婷. 基于ESDA和CSDA的京津冀区域经济空间结构实证分析 [J]. 中国软科学, 2010 (3): 111-119.

[198] Cliff A D, Ord J K. Spatial processes: models & applications [M]. London: Pion, 1981.

[199] Getis A, Ord J K. The analysis of spatial association by use of distance statistics [J]. Geographical Analysis, 1992, 24 (3): 189-206.

[200] 张松林, 张昆. 全局空间自相关Moran指数和G系数对比研究 [J]. 中山大学学报(自然科学版), 2007, 46 (4): 93-97.

[201] Chow G, Lin A. Accounting for economic growth in Taiwan and Mainland China: a comparative analysis [J]. Journal of Comparative Economics, 2002, 30 (3): 507–530.

[202] Young A. Gold into Base Metals: Productivity Growth in the People's Republic of China during the Reform Period [J]. Journal of Political Economy, 2003, 111 (6): 1220–1261.

[203] Malmquist S. Index numbers and indifference surfaces [J]. Trabajos de Estadistica y de Investigacion Operativa, 1953, 4 (2): 209–242.

[204] Caves D W, Christensen L R, Diewert W E. The economic theory of index numbers and the measurement of input, output, and productivity [J]. Econometrica, 1982, 50 (6): 1393–1414.

[205] Fare R, Grosskopf S, Norris M, et al. Productivity growth, technical progress and efficiency change in industrialized countries [J]. The American Economic Review, 1994, 84 (1): 66–83.

[206] Levin A, Lin C F, Chu C S J. Unit root tests in panel data: asymptotic and finite-sample properties [J]. Journal of Econometrics, 2002, 108 (1): 1–24.

[207] Breitung J. The local power of some unit root tests for panel data [M]. Bingley: Emerald Group Publishing Limited, 2001.

[208] Hadri K. Testing the null hypothesis of stationarity against the alternative of a unit root in panel data with serially correlated errors [R]. Liverpool: University of Liverpool Management School, 1999.

[209] Im K S, Pesaran M H, Shin Y. Testing for unit roots in heterogeneous panels [J]. Journal of Econometrics, 2003, 115 (1): 53–74.

[210] Maddala G S, Wu S. A comparative study of unit root tests with panel data and a new simple test [J]. Oxford Bulletin of Economics and Statistics, 1999, 61 (S1): 631–652.

[211] Choi I. Unit root tests for panel data [J]. Journal of International Money and Finance, 2001, 20 (2): 249–272.

[212] Tobit J. Estimation of relationships for limited dependent variables [J]. Econometrica, 1958, 26 (1): 24–36.

[213] 田刚, 李南. 中国物流业技术效率差异及其影响因素研究——基于省级面板数据的实证分析 [J]. 科研管理, 2011, 32 (7): 34–44.

[214] 李光斗. 新零售: 电商与实体从"相杀"到"相塑" [J]. 进出口经理人, 2017 (5): 49–51.

后 记

本书是在我博士论文基础上修改而成的。2015年3月，在这个草长莺飞、生机勃发的时节里，四年的博士求学生涯迎来了终点。回首求学路上所经历的点点滴滴，无论是寒夜孤灯下苦读文献，还是望眼欲穿地等待论文发表，都在我心中留下了难以磨灭的烙印。回首凝望，心中感慨万千。在此，谨向一路走来给予我谆谆教诲和无私帮助的老师、同学、朋友和家人表示诚挚的感谢！

首先，我要对我的导师舒辉教授致以深深的敬意和衷心的感谢。考取博士研究生之前，我工作在行政管理岗位，对于如何开展科学研究仍知之不详。从师的四年时间里，舒老师一方面传授给我宽广深厚的理论知识，将我引入管理科学的宏伟殿堂；另一方面在研究范式上孜孜教诲，严格要求，帮助我树立严谨的治学态度和掌握规范的科研方式。在学习过程中，每每遇到难以理解的问题，舒老师总能高屋建瓴地给予指点，使我总有茅塞顿开之感。在论文的写作过程中，大到论文选题，小到一个字词、标点符号的修改，舒老师都对每一篇论文严格把关，不放过任何一个问题。在舒老师的教诲下，虽然至今仍未在学术上有所建树，但自觉相比从前已有不少长进。舒老师渊博的学识和敏锐的前沿洞察力，以及一丝不苟、精益求精的治学态度为我树立了上进的榜样。同时，舒老师在日常交往中平易近人的为人风格，对学生的真切关怀，又使我倍感温暖。在今后的学习、工作、生活中，我将牢记导师的谆谆教诲，以导师为楷模，奋发进取。在此，再次向舒辉导师表示我崇高的敬意和真挚的感谢！

其次，我要对徐升华教授表示衷心的敬意和感激。徐老师在我的博士论文写作过程中，提出了诸多宝贵意见。徐老师的慷慨相助，令我不胜感动，在此再次致以深深的谢意！

在求学的日子里，得到林晓伟、李建军、周熙登、蒋明琳、李伟、刘芸等一众同门师兄弟、师妹的帮助，对他们表示感谢！

我还要特别感谢我的妻子徐晖和岳父母对我学业的支持，是你们的帮助才让我能集中精力付诸学习。在学业上遇到困难时，是你们的理解和鼓励给了我继续前行的动力和勇气。

感谢所有关心、支持和帮助过我的人们！

仲　昇

2018 年 8 月